瀬川拓郎

コロポックルとはだれか

――中世の千島列島とアイヌ伝説

新典社新書 58

目　次

はじめに —— 封印されたアイヌ伝説

小人伝説はおとぎ話か

アイヌの小人伝説と聞いてピンとこない人でも、「フキの葉の下の…」といえば、「ああ、コロポックルのことか」と合点していただけるにちがいありません。レストラン、居酒屋、ペンション、自転車店、アニメ、保育所、ペットショップ――ネットで検索すると、コロポックルの名を冠した事物が次々あらわれます。神秘的なコロポックルのキャラクターは、全国で根強い人気を誇っているようです。

ところで、ひとくちに小人伝説といっても、その内容は伝承者によってさまざまですが、どのようなものか一例をあげてみましょう。

昔は十勝川に沿ってアイヌのほかにコルポクウンクル（ふきの下に住む者）という、ふきの下に五、六人が集まって住むぐらい小さい者たちがいた。コルポクウンクルは何でも人に与えるのが好きで、ごちそうを椀に入れてアイヌの戸口のござの下から差し出し、それをアイヌが受け取って押しいただくと喜んでいた。あるとき、アイヌのウエンクル（悪い奴）が、ごちそうをもってきたコルポクウンクルを家の中に引っ張り入れると裸の女であった。女は泣きながら帰ったが、あとでコルポクウンクルの親方が怒ってやってくる。激怒したコルポクウンクルたちはレプンコタン（海の向こうの国）に引き上げることになり、そのときに親方が「このコタン（村）のものは、ネプチー（何でも焼けろ）、トカプチー（枯れてしまう）という名を付ける」と言う。それまではシアンルルコタンというりっぱな名前だったが、それからはこのコタンを「トカプチコタン」と呼ぶようになった（帯広市で採録）。[1]

この伝説を読んで、コロポックルを実在の集団であったと考える人はおそらくいないでしょう。もしコロポックルが実在の集団だったと主張すれば、それは童話であり、妖精・妖怪譚《たん》のたぐいにすぎない、と一笑に付されてしまうにちがいありません。実際わたし自身、コロポックルの問題に正面から取り組んでいる研究者を知りません。

しかし本書の目的は、アイヌの小人伝説を読みなおすことによって、これが実在の集団をモデルに成立した可能性を明らかにすることなのです。

封印されたコロポックル論

実は、過去に一度だけ、コロポックルの実在をめぐって学術論争が繰り広げられたことがあります。それは考古学や人類学を専攻する学生であればだれでも知っている、日本人の起源をめぐる明治時代の大論争です。簡単にふりかえってみましょう。

動物学者のエドワード・S・モースは、アメリカから東京大学に着任早々、縄文時代の遺跡である大森貝塚を発掘調査しました。そしてかれは、この遺跡を残した石器時代人がアイヌ以前の先住者であるとするプレ・アイヌ説を唱えました。

これを受けて、帝国大学（東京大学）の人類学教室初代教授であった坪井《つぼい》正五郎《しょうごろう》らは、アイヌの伝説に登場するコロポックルこそが石器時代人だったのではないか、と主張しました。アイヌは、各地に残る竪穴住居跡や地中からみつかる土器・石器を残したのがコロ

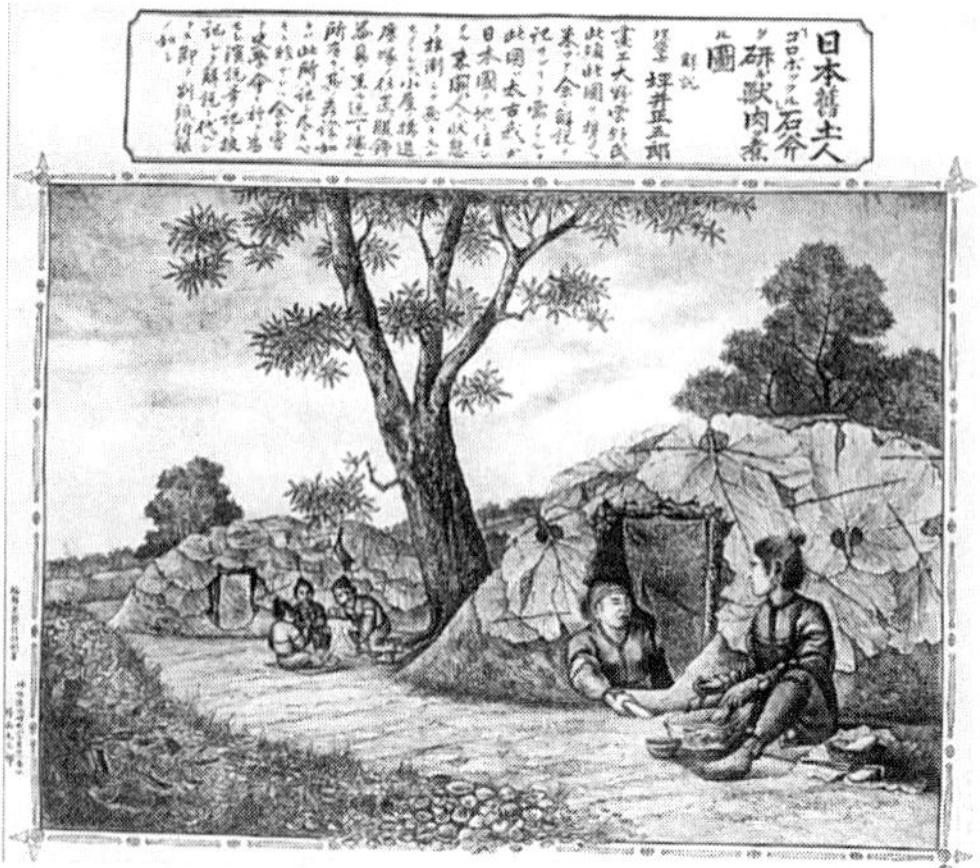

コロポックル図
上：松浦武四郎筆。北海道立旭川美術館 1992。
下：大野雲外筆。西秋他編 2002。

ポックルであると考えていました。つまりコロポックルは先住者である石器時代人、プレ・アイヌということになるわけです。

現代の考古学は、一三世紀ころアイヌの住居が竪穴式から平地式に変わり、本州から鉄鍋を手に入れ土器作りをやめたこと、また石器については七世紀に本州から移入する鉄器におきかわったことを明らかにしています。そのような文化変容から長い時間を経た近世や近代のアイヌは、原始的な竪穴住居や土器・石器を残したのが自分たちの祖先であるとは想像もできませんでした。

そこで、それら奇妙な文物が存在する不思議を、コロポックルを先住者とし、かれらが残したものとすることによって了解していたのです。

この伝説は、プレ・アイヌ説に立つ坪井らにとって、自説を補強する恰好《かっこう》の材料となりました。しかし坪井らのコロポックル説には多くの批判が寄せられ、石器時代人（縄文人）とアイヌの形質的共通性をもとに、石器時代人はアイヌであると主張する帝国大学（東京大学）の人類学者、小金井良精《こがねいよしきよ》らとのあいだで大論争に発展します。

結局、北千島アイヌが竪穴住居に住み、土鍋をもちいていた事実が明らかにされるなど、アイヌと石器時代人との文化的・形質的な連続性が各方面から指摘されるなか、坪井の死去とともにプレ・アイヌ説は退けられていきました。[2]

一世を風靡《ふうび》した小人伝説は、河野常吉《こうのつねきち》が「コロポックルはアイヌの小説なり」と坪井を強い調子で批判したように、[3] 事実に根差さない昔話であり、童話のたぐいであるとみなされたまま、ふたたび学問的な議論の対象となることはありませんでした。そしてその後の小人は、愛すべき妖精的なキャラクターとして受け入れられながら、命脈を保ってきたのです。

中世千島の開発と小人伝説

しかし、小人伝説はとるに足らないおとぎ話なのでしょうか。

あらためて伝説をみなおしてみると、その採録は江戸時代初期の史料にも認められます。つまり、伝説の成立が中世にさかのぼるのは明らかなのです。北海道では中世に属する考古資料も文献史料もかぎられており、当時のアイヌ社会の状況が明らかではありません。

小人伝説は、中世アイヌ社会の一端をうかがう貴重な資料といえそうです。

さらにこれらの伝説は、小人がもともとは千島の住人を指していた可能性を示しています。古代の千島は、アイヌとは系統の異なるサハリンから来た人びと（オホーツク文化人）が住んでいました。しかし近世の千島はアイヌが占めるところとなっており、もはやオホーツク文化人は住んでいませんでした。では、いつ、どのような経過でアイヌは千島に進出したのか、千島アイヌはどのように成立したのか――これは、アイヌ史における重要な研究テーマとなっています。しかし現時点では、近世後半にはアイヌが北千島からカムチャツカ半島南端まで占めていた、という事実を知りうるにすぎません。

小人伝説は、中世の北海道でアイヌによる千島への植民がどのようにおこなわれたのか、またその植民者と北海道本島のアイヌの関係はどのようなものであったのかという、アイヌ史の謎を解明するひとつの手がかりになるかもしれないのです。

石器時代人論争の終結とともに学問の俎上から退けられ、一度は封印された小人伝説。そこにふたたび光をあて、謎につつまれた千島アイヌの成立についてご一緒に考えてみたいとおもいます。

本書における千島列島の地域区分について……千島列島の地域区分については諸説あります。たとえば、カムチャツカ南端に接するシュムシュ島とパラムシル島（アライド島とシリンキ島を含む）を北千島、エトロフ島・クナシリ島・シコタン島（ハボマイ群島を含む）を南千島、そのあいだのオンネコタン島からウルップ島までを中部千島と呼ぶこともあります。本書では、エトロフ島・クナシリ島・シコタン島（ハボマイ群島を含む）を「南千島」、エトロフ島以北を「北千島」と呼んで話を進めていくことにします。たくさんの島の名前が出てきますが、その都度、本書の地図で確認してみてください。

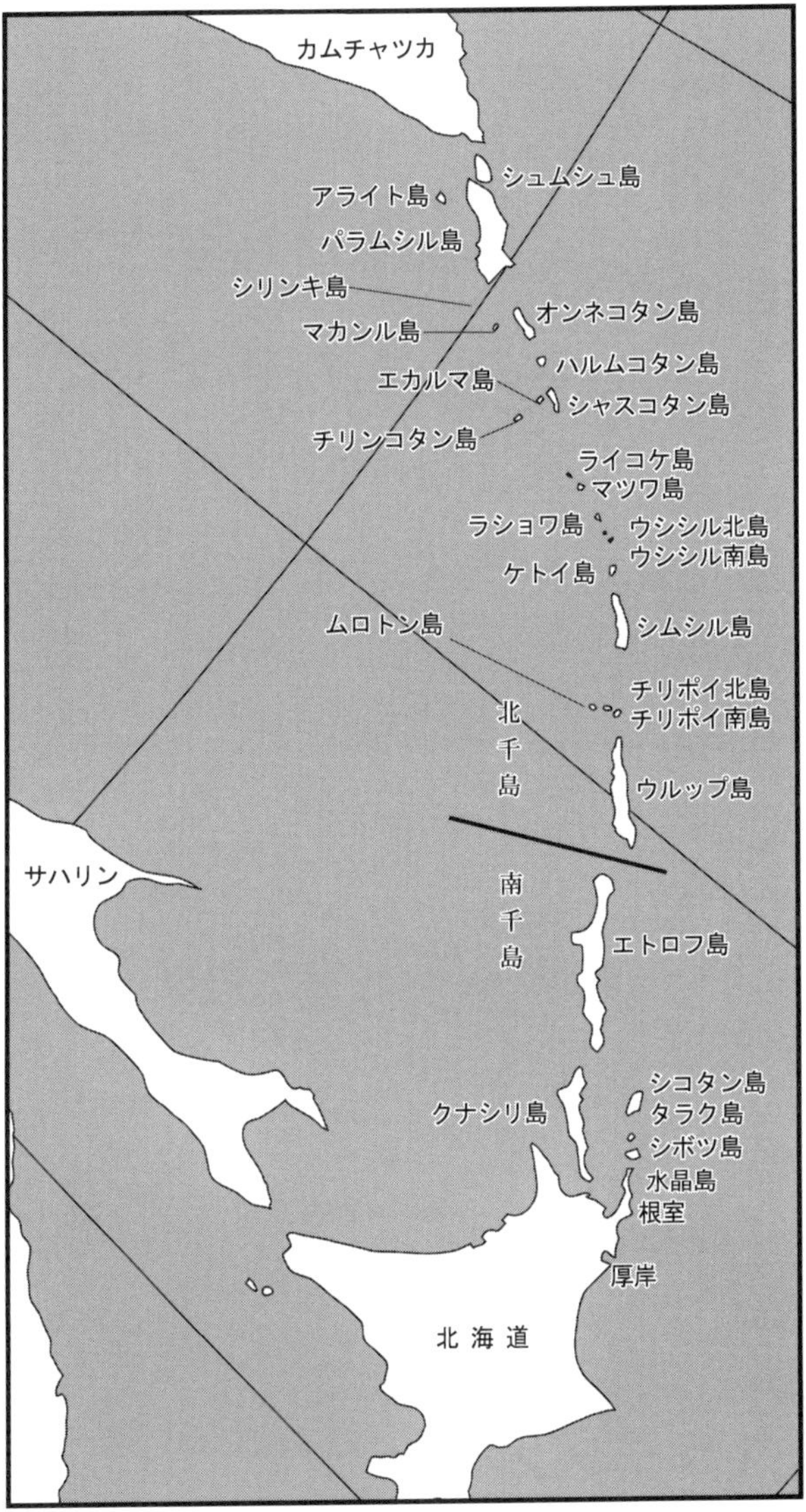
カムチャツカ
シュムシュ島
アライト島
パラムシル島
シリンキ島
オンネコタン島
マカンル島
ハルムコタン島
エカルマ島
シャスコタン島
チリンコタン島
ライコケ島
マツワ島
ラショワ島
ウシシル北島
ウシシル南島
ケトイ島
シムシル島
ムロトン島
チリポイ北島
チリポイ南島
北千島
ウルップ島
サハリン
南千島
エトロフ島
シコタン島
タラク島
クナシリ島
シボツ島
水晶島
根室
厚岸
北海道

Ⅰ　アイヌの小人伝説を読む

小人伝説は、近代にいたるまでアイヌのあいだで伝承されてきましたので、アイヌの昔話として採録されたものはけっして少なくありません。さらにそのもっとも古い採録は、江戸時代初期にまでさかのぼります。

そのため小人伝説は内容に多くのバリエーションがあり、あとで述べるように採録された時代や地域によって内容に差異がありそうです。

小人伝説は本来どのようなものとして成立したのか。そのことを考えるために、まずは江戸時代に採録された古い史料を取り上げ、内容をみていくことにしましょう。

Ａ　ジョン・セーリス「二度蝦夷に行ったことのある一日本人が江戸の町で伝えた同地に関する情報」『日本渡航記』（一六一三年）

（道南の松前の）さらに北方には、同じ陸地上に、一寸法師のような背の低い人間が住んでいる。蝦夷人（アイヌ）は日本人と同じ丈の人間である。[4]

――北海道に行ったことのある和人（本州系日本人）から聞き取ったセーリスの記録は、小人伝説にかんするもっとも古い情報です。近世初期にはすでに、小人伝説がアイヌ社会に広まっており、したがってその成立がまちがいなく中世にさかのぼることを示す点で重要な史料です。

B

松坂七郎兵衛《まつさかしちろべえ》他『勢州船北海漂着記《せしゅうせんほっかいひょうちゃくき》』（一六六二年）

蝦夷人物語申し候は、小人島より蝦夷へたびたび土を盗み参り候、おどし候へば、その侭隠れ、船共々見え申さず候由、蝦夷より小人島まで、船路百里も御座候由、右の土を盗みて鍋にいたし候由、もつともせいちいさくして、小人島には鷲多く御座候て、その人、通り候へば、鷲に取られ申し候、又大風に吹きちらされ申し候故、十人ばかり手を取り合ひ往来仕り候由、蝦夷人語り申し候由。[5]

――南千島のエトロフ島に漂着した勢州船の記事です。船員は、エトロフ島からクナシリ島を経て北海道本島に渡り、十勝を経て松前から帰郷しました。この小人伝説は、帰途、クナシリ島から道東太平洋沿岸のあいだで聞きとったものとおもわれます。小人が「小人島」に住んでいること、その島にはワシが多くいること、船路一〇〇里もある遠い地から船で本島にやってくること、その目的が土鍋製作用の土（粘土）の採取にあること、脅すと身を隠すことなどについて記しています。

C　**松宮観山《まつみやかんざん》『蝦夷談筆記《えぞだんぴつき》（上）』（一七一〇年）**

ちいさこが崎と申所にて……所の者に相尋候へば、昔此所へ小人島の者ども参候て、土を取、又は草（葦）を百人斗にてぬきて取、帰候と申伝へ、所の名を小サ子が崎と申候。[6]

――道南の日本海側、現在の上ノ国《かみのくに》町小砂子《ちいさご》の地名由来にかんする聞きとりです。一〇〇人ほどの小人が「小人島」から渡ってきたこと、その目的が土と草（あるいは葦）

の採取であったことを記しています。

D　菅江真澄《すがえますみ》『蝦夷喧辞弁《えみしのさえき》』（一七八九年）

少児（ちいさご）のいはれありけるよしをとふに、乎佐女（老女）こたへて、ふるきむかしがたりに、この磯山の土採りにとて、ちいさき船にみさか（三尺）ばかりのおのこ、あまたたりのりたる船寄来るを此浦人見おどろき、いかなるものかとたちさはぎ、小船のゆかんかたはいづこならんと、それらが船の楫あとをしるべに、ふねあまたしてこぎ行ほどに、うなかのある潮にへだてられて、そのちいさごが船をふ末は何かたともしられず、かいけつ（搔消）やうに、浪としほとにまぎれうせたりしとのみ聞つたへ侍る。[7]

――Cの記事から約八〇年後、同じ小砂子の地名の由来について聞き取ったものです。小人の男たちが船で渡ってきたこと、その目的が土の採取にあったことを記しています。児玉作左衛門《こだまさくざえもん》は、このCとDの小人伝説が、道南の和人地（江戸時代に和人が占めていた道南の一部をこのように呼んでいました）で聞き取られたものであることや、ほかの小人伝説とは内容が異なることから、いわゆる小人伝説とは別系統の伝説とすべきではないか、としました。[8] しかし、小人が船で渡ってくること、その目的が土の採取であったことが道東で聞き取ったBの伝説と共通しています。いわゆる小人伝説と同じ系統と理解してよいでしょう。

E　**近藤重蔵《こんどうじゅうぞう》『辺要分界図考《へんようぶんかいずこう》（巻四）』**（一八〇四年）

厚岸酋長イコトイ並イチヤンゲムシ云クルムセの夷人は、トイチセコツチヤカムイの裔なり。老夷伝へ云、古へ夷地トイチセコツチヤカムイと云ものあり。其身甚短し、皆穴居す。夷地開くるに従ひ漸々に奥地へ入り、遂に其種族相率ひて筏に乗り東洋のラッコ島へ往きて、其部落をなせりと。[9]

――その内容から、道東で採録したものとみられます。古くは北海道に「トイチセコッチャカムイ」（竪穴住居に住む神の意か）という小さな神がおり、竪穴住居に住んでいたこと、次第に奥地に追いやられラッコ島に渡ったこと、道東の厚岸《あっけし》に住む首長イコトイとクルムセ（千島）アイヌのイチャンゲムシ（もともとは北千島ラショワ島の出身でした）はこの神の末裔であることを記しています。ラッコ島は、千島列島全体を指して使われる場合もありますが、一般にはエトロフ島の北に接する北千島のウルップ島をいいます。[10] ここではウルップ島を指しています。

F　志鎌万輔《しかままんすけ》『東海参譚《とうかいさんたん》』（一八〇六年）

其むかし此蝦夷地に、コロボルグルカモイといふ者有。是もの侏儒也しが、款冬の葉の下に三人づつかがまり居るなれば、夷人斯云ふ也。其等か棲める所にて、夷人ものを乞ひし時、彼ホルグル窓よりものをあたへけるが、其手に入墨有しをまねたるが、今に遺れる也といふ。又此コツボルグル、其後北に移りて、今は蝦夷地に其種類なし。又一名トイコイカモイ、又クルムセといふ。ウルツプに近きと思ひあやまりて夷人の斯いふ也。[11]

――フキの葉の下に屈んでいることから、コロボルグルカモイと呼ばれる小さな神がいたこと、アイヌが物を乞うと、この神が家の窓から手を差し出してそれを与えたこと、小さな神の手にはイレズミがあり、アイヌはそれを真似てイレズミをはじめたこと、小さな神はその後、北に移り住んだこと、またの名をトイコイカモイ（竪穴住居に住む神の意か）やクルムセ（千島の人）と呼ぶことを記しています。また、小さな神をなぜクルムセと呼ぶのかについて、アイヌは小さな神が移り住んだ先を北千島のウルップ島附近と誤って信じているため、そのようにいうのだ、と私見を述べています。

G　秦檍丸《はたのあおぎまろ》「女夷文手図」『蝦夷島奇観《えぞしまきかん》』（一八〇七年）

夷人伝へ云。古、コツチヤカモイといふ神ありて、体四尺はかり、手の長き神にて処々に住給ふ。此神、漁猟の術に通力を得給ひ、土舎（トイチセ）に住給ふけるか、夷等に魚獣の肉なとを其窓よりあたえ賜りける。この故に、其漁猟の術をまなはんと近寄れは、教へ杲（ママ）さすして、夷人等をきらひ給ふにや、此地を去らせ給ふ。此神の婦人、ワきて美色なりしか、手に色々の文理あり。それ故に、彼神の徳を慕ひ、女夷等其状をうつし、今に至るまで文身すと古老の伝説なり。此神住給ひたる旧址処々にあり、其土中より陶器の砕けたる又は玉の類ひ、種々の宝物を掘出す事ありと、ノツカマップ（根室）の酋長ションゴ語りき。往昔、かかる者の住しにや、いつれ其伝聞のふるき拠あるへし[12]。

——アイヌ女性の文身（イレズミ）の図に、道東の根室のアイヌから聞き取った伝説を解説として付したものです。古くはコッチャカモイという小さな神が北海道の各地にいたこと、かれらが竪穴住居に住んでいたこと、漁猟の術に優れアイヌに魚や獣を与えたこと、アイヌとの直接的な接触を嫌い北海道から去ったこと、この神のイレズミをまねてアイヌのイレズミがはじまったこと、かれらの住んだ竪穴住居の跡が各地に残り、土器や宝が出土することなどを記しています。

H　最上徳内《もがみとくない》『渡島筆記《わたりしまひっき》』（一八〇八年）

又コロブクングルといふものあり。是も古しへの人にして、時世いつなることを失ふ。

コロボクングル子細に唱ふれは、コロボツコルウンクルなり。又ボツ実はボキなり、コロとはふきの葉なり。ボキ此にボツと略呼す。ボキは下といふことなり。コルは持なり、ウンは居也、住也。グルは人といふ義なり。則ふきの葉の下にその茎を持て居る人といへることとなり。東辺にては是を、トイチセウンクルと呼（ぶ）。トイは土地、チセは宅なり。ウンクル前に同し。これ土室に住（む）人といふことなり。婦人の手と吻唇とに黥する（は）此コロブクングルに始る。相伝ふ。声あり、形を見ず。夷人が漁猟をすればとく前に行てとり、或は捕ておきたる魚を盗去り、又家に来て魚を乞（ふ）。與へざればあだをなす。気力をたのむものあり。其状を見んと欲（す）。偶その家に来りて乞（ふ）。窓より魚を出しとらむとする手を握りて放たず。遂に内に引入たり。これを見れば美婦人なり。三日食を與へず死したり。其手及び脣吻黥有て美なりしかは、女子みな学びしより、終に挙島にあまねし。（以下イレズミの記述を略す）。又コロブクングル魚を乞にあらず、人に魚を與へしともいふ。いつれにもコロブクングル一人の名にはあらず。其種類をさして呼に似たり。さまざまにえぞをなやまし、戦闘をなすとき介冑して六、七人ふきの葉の下に伏したり、などかたり伝ふ。これ小にしてしかるや。幻にしてさるわざをせしやはしらず。又彼が宅跡とて、凡方二歩斗なる地を穿、今見たる所の深さは二、三尺許、四辺土を封じ埒の状をなしたるあと所々にあり。後いずちへか行しあとなし。其宅跡の辺より小壺を掘出すことままあり。夷人も希にこれを得れば殊に秘蔵することなり……。[13]

――むかしコロブクングル（フキの下にその茎をもつ人の意）と呼ぶ小人がいたこと、道東ではこれをトイチセウンクル（竪穴住居に住む人の意）と呼ぶこと、アイヌ女性のイレズミがこの小人の習俗に由来すること、声は聞いてもその姿をみた者はいないこと、アイヌの漁に先回りし、あるいはアイヌの魚を盗み、アイヌの家に来て魚を乞うこと、魚を与えないと仕返しすること、小人は魚を乞うたのではなく、反対にアイヌに与えたともいわれること、家の窓から魚を乞う小人の女の手を引き入れたが、三日食事を与えないと死んでしまったこと、小人はアイヌにさまざまな悪さをなし、戦うときには甲冑《かっちゅう》を帯びてフキの下に隠れたことなどを記しています。

Ⅱ　伝説の変容を考える

前章では、江戸時代に採録された小人伝説をみてきました。小人伝説と一口にいっても、その内容にずいぶんバリエーションがあることや、自分が知っていたコロポックル伝説とかなり違った内容のものもあることに驚かれたかもしれません。

このような内容上のバリエーションはなぜ、どのように生じたのでしょうか。まずはこの点について考えてみたいとおもいます。

一　小人名称の変化

小人名称の三種類　ご覧いただいた史料には、聞きなれない小人の名前がいくつもでてきました。それは大きく分けて三種類あります。

一つ目は、竪穴住居に住む人（神）を意味するとおもわれる名称です。「トイチセコッ

巨大な足寄町のラワンブキ
北海道運輸局ホームページ。

チャカムイ」「トイコイカモイ」「コッチャカモイ」「トイチセウンクル」がありました。これを「竪穴系名称」と呼んでおきたいとおもいます。

二つ目は、フキの葉の下の人（神）を意味する名称です。「コロボルグルカモイ」「コロブクングル」がありました。これを「フキの葉系名称」と呼びます。

三つ目は、千島の人を意味する「クルムセ」です。これを「千島系名称」と呼びます。

ここには掲載していませんが、明治時代以降に採録された伝説をみると、ほとんどが「フキの葉系名称」です。「竪穴系名称」はめったに出てきません。しかし史料FとHは「フキの葉系名称」と「竪穴系名称」を併記していますので、江戸時代には両者が並行して用いられていたことがわかります。

興味深いのは、史料Hが道東では小人を「竪穴系名称」で呼ぶ、としていることです。

明治時代の一八七九年に道東網走市で採録された伝説にも「コロボクンあるいはトイチンカモイ、あるいは小人と称し」とあり、「フキの葉系名称」とともにトイチンカモイという「竪穴系名称」があげられています。[14] 近世には「竪穴系名称」と「フキの葉系名称」が並行して伝わっていたものの、「竪穴系名称」はおもに道東で伝えられていた地域的名称だったのかもしれません。

なお後章で述べるように、小人伝説は道東で成立したものと私は考えています。そうだとすると、道東に分布する「竪穴系名称」が古く、全道に分布する「フキの葉系名称」は比較的新しいものだったということになりそうです。

一方、一七～一八世紀代の古い時代の史料A・B・C・Dには、この三種類の名称がどれも出てきません。このことは、小人にもともと名称がなく、のちの時代になって名前が付けられたことを意味しているのでしょうか。かならずしもそうとはいいきれないようです。

史料A・C・Dの伝説は、いずれもアイヌではなく和人から聞き取ったものです。史料

Aの場合、この和人は本州から北海道に渡ったことのある人物であり、おそらく商人でしょう。史料C・Dについては、和人地に住む漁民など一般庶民と考えられます。かれらはアイヌ語を理解しておらず、小人になんらかのアイヌ語名称があったとしても、これを記憶していなかった可能性があります。

実際、史料Bの伝説はアイヌから聞きとったものですが、これを伝えた和人の船員たちはアイヌ語を解しておらず、そのためか、かれらの調書にはアイヌ語がひとつも出てきません。かれらが「コロボルグルカモイ」や「トイチセコッチャヤカムイ」といった舌を噛みそうな小人のアイヌ語名称を聞きとっていたとしても、これを記憶し、伝えることはなかったのではないかとおもわれます。

千島からやってきた人

「千島系名称」を記すのは史料Fの一例のみでした。しかし史料Eは、小人が北千島ウルップ島に移り住んだこと、つまり北千島アイヌであったと伝えていますので、このような伝承を伝えていた地域では、史料Fと同じく、小人を「千島系名称」で呼ぶことはありえたのではないでしょうか。

実は小人が千島に移り住んだという伝承は、近代に採録された資料のなかにもみえます。道北名寄《なよろ》市のアイヌ、北風磯吉《きたかぜいそきち》（一八八〇―一九六九年）が伝えていた伝説は、次のようなものです。

> ここに小人と述べるのは、その昔、私共の方面にも住んでいたと言う、コロポクン・クル（フキ下・人）のことをさしたのである。彼等は、雨宿りなどの場合、丈高く広いフキの葉一枚の下に、五人もが入ったと言われているので、先ずは小人と呼んでおくことにした。彼等は中名寄に長く住んでから、千島へ移り住んだといわれているが、これは千島へ帰ったのだそうだ。千島に戻った彼等は、アイヌ名を称していたと言われ、私もその二、三を伝え聞き知っていたのだが、今はもう、きれいに忘れてしまった。[15]

小人は千島に「帰った」のであり、また「アイヌ名」を名乗っていたというのです。この伝説から、小人を千島アイヌとする伝説が近代になっても存在していたことがわかります。

これと関連して興味深いのは、小人が海の向こうからやってきた、海の向こうに去ったとする伝承があることです。史料B・C・D・Eのほか、近代に採録された伝説にも多くみられます。小人が渡った先については、海の向こうの国を意味する「レプンコタン」とするもの（帯広市で採録[16]）、「樺太」とするもの（稚内市で採録[17]）、「離れ島」とするもの（天塩《てしお》町で採録[18]）などがあります。

まれな例ですが、道東豊頃《とよころ》町では小人を和人とする伝説が採録されています。[19] 海を渡ってきたという伝承から和人を連想し、そのように語ってきた伝承者もいたのでしょう。

二　イレズミ伝承の成立

縄文伝統としてのイレズミ習俗

アイヌ女性はかつて口の周囲や腕などにイレズミを施し

ていました。この習俗が小人に由来したという伝承は、一九世紀以降の史料F・G・Hのほか、近代に採録された伝説にも多くみえます。

アイヌのイレズミ習俗はほとんど女性にかぎられ、口の周囲、眉、額、前腕部、手の甲に施術していました。このイレズミ習俗を伝えるもっとも古い記録は、一六一八年と二一年の二度北海道へ渡った、イエズス会宣教師ジロラモ・デ・アンジェリスの報告書です。そこにはアイヌ女性が口の周囲と手にイレズミを施すとあります。ただし男性が施す場合もあったようで、クマ猟に秀でることを願ってアイヌ男性が右手にイレズミを施した、小樽では口の周囲に施す男も多かった、などという記録もあります。[20]

イレズミは、北海道本島のアイヌだけでなく、サハリンアイヌと千島アイヌの女性も施していました。千島アイヌの場合、口の周囲のイレズミが北海道アイヌよりも小さかったともいいますが、[21]いずれにせよ、イレズミはすべての地域のアイヌに共通する習俗だったのです。さらにアンジェリスの報告は、その習俗の成立がまちがいなく一七世紀より前にさかのぼることを示しています。

このイレズミ習俗ですが、日本列島では縄文時代からおこなわれていました。縄文時代には男女とも顔などにイレズミを施していましたが、弥生時代から飛鳥時代にかけて、その意味と目的が変容し、男性のみが施すものになったと考えられています。[22]

アイヌのイレズミ習俗の起源も、縄文時代までさかのぼるのはまちがいありません。イレズミは、アイヌが近世まで伝えていた数少ない縄文伝統といえるものなのです。アイヌがイレズミ習俗を他者である小人から学んだという伝承は、明らかに事実に反するものといえます。

小人はイレズミを伝えたか

では、イレズミ習俗の起源が、なぜ小人伝説のなかで語られていたのでしょうか。

「はじめに」で述べたように、アイヌは祖先のなかにその起源をたどれそうにないもの、つまりかれらの歴史のなかに由来を求めることができない竪穴住居や土器・石器について、自分たちではない者の所産、すなわち小人が残したものとすることによって、これを了解していました。

たとえば道央札幌市のアイヌは、もしアイヌの先祖が土器や石器を作ったのであれば、この製法を聞き知っている者が一人くらいはいるはずであるが、だれもいないということは小人が作ったことを意味している、と明確に述べています。[23]

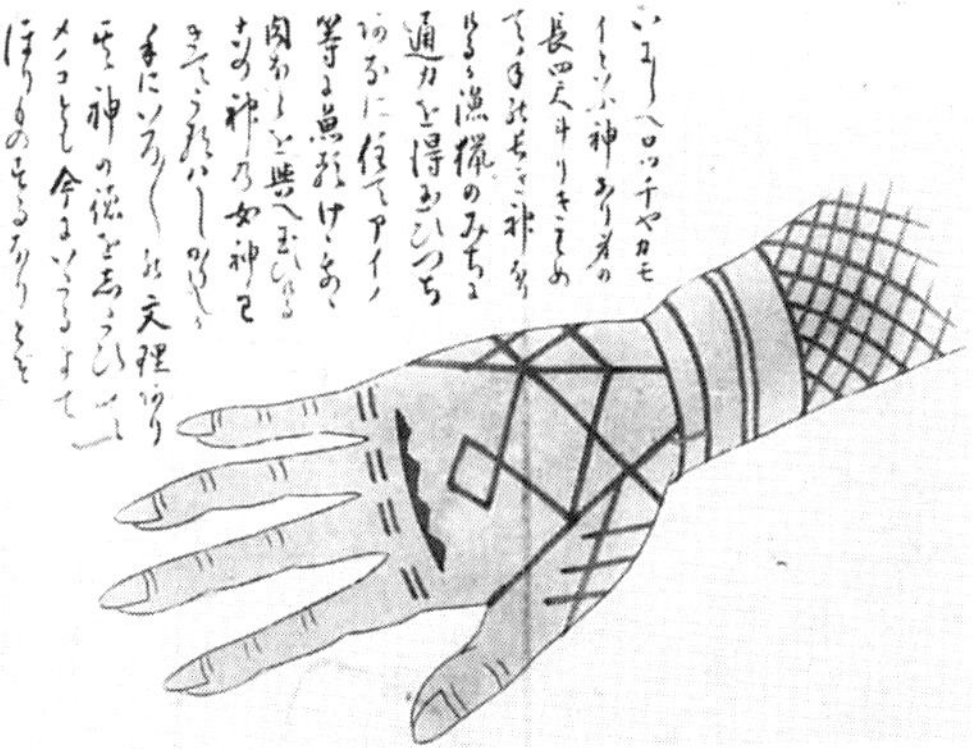
アイヌ女性のイレズミ（『蝦夷島奇観』） 註12文献。

イレズミについても、竪穴住居や土器・石器と同じく縄文時代に起源する伝統であり、アイヌの認識のなかでは歴史を超越したところに由来するものにほかなりませんでした。

イレズミ習俗がみえるのは一九世紀以降の史料ですが、当時、各地のアイヌ社会には和人が入りこんでおり、アイヌ女性の身を飾るイレズミ習俗は和人の関心を集めていました。このような和人との交流をつうじて、イレズミ習俗の特異性は、おそらくアイヌ自身のなかでも強く自覚されていったにちがいありません。

それまでなんの疑いもなく、当然のものとしておこなわれていたイレズミ習俗は、由来に対する自己了解が求められるものとなったのであり、その過程で竪穴住居や土器・石器とともに小人に由緒づけられていったのがイレズミ習俗であった、といえるのではないでしょうか。

ただし竪穴住居については、後章で述べるように、本来は千島アイヌの現実の習俗を指していたものの、その後、各地に残る竪穴住居跡の由来を説くものに変容した可能性も考えられそうです。

三　ユーカラとの融合

オキクルミ伝説と共通するストーリー　近代以降に採録された小人伝説では、窓から食物を差し出す小人の手をアイヌがむりやり引き入れたため、その仕打ちに怒って小人たちが去っていった、という内容が多くみられます。それは近代以降、基本的なモティーフであったといえそうです。

ところが江戸時代の史料をみると、小人の手を引き入れたとの伝承は史料H（一八〇八年）に、また小人が窓から食物を差し出す（あるいは食物を乞う）との伝承は史料F（一八〇六年）・G（一八〇七年）・H（一八〇八年）に認められますが、それ以前の史料には確認できません。この点で、大きく一九世紀以降とそれ以前の伝承には内容上の差異があったようです。つまり、これらのモティーフは比較的新しく付け加えられたものだった可能性、小人伝説の変容を意味する可能性が考えられるのです。

では、このような変化はなぜ生じたのでしょうか。

そのことを考えるうえで興味深いのが、アイヌのカムイ・ユーカラ（神謡）に登場する国土創造神オキクルミの伝説です。

オキクルミ伝説のなかには、アイヌが飢饉《ききん》の際、オキクルミが猟で手に入れたクマやシカの肉を妹のトレシマチを遣わしアイヌに与えた、とする伝説があります。トレシマチは

アイヌの義経信仰
歌川芳宗（二代）「蝦夷の信仰」（1892年）。アイヌ民族博物館蔵。

家々の窓から手を差し入れ、肉を渡していきましたが、あるアイヌがその顔をみようとむりやり手を引き入れたため、これに怒ったオキクルミは去っていったといいます。[24]

このモティーフの共通性から、いずれが母胎となったのかはわかりませんが、オキクルミ伝説と小人伝説のあいだに融合が生じていたのはまちがいありません。融合の時期は、小人伝説のなかにこのモティーフが広まった一九世紀前後と考えられます。

ところでアイヌ社会では、衣川で自害したはずの源《みなもとの》義経《よしつね》が生き延び、北海道に渡ったという伝承が広く浸透していました。さらにアイヌは、英雄視する義経をオキクルミとして伝えることもありました。[25]
この義経（オキクルミ）伝説には、北海道に渡った義経がアイヌの大将の娘婿になり、その大将が秘蔵する「トラ・ノ・マキモノ（虎の巻物）」という古い書巻を盗んで逃げたとする伝承がみられます。[26]さらに、義経伝説はアイヌのユーカラに謡われており、たとえば坂倉源次郎《さかくらげんじろう》『北海随筆《ほっかいずいひつ》』（一七三九年）は、義経が幼少のころ北海道へ渡って「八面大王」の娘と通じ、大王の秘蔵する虎の巻物を盗んで逃げ帰ったというユーカラを採録しています。

日本の中世説話と小人伝説　実は、このモティーフは『お伽草紙《とぎぞうし》』（室町時代成立）に収録された「御曹子島渡り」という義経の北海道渡海伝説そのものです。

「御曹子島渡り」のあらすじは次のようなものです。

義経は、奥州平泉の藤原秀衡《ふじわらのひでひら》のもとに身を寄せていた。秀衡は、義経が都にのぼり、平家を討って天下を掌握するためには、北の海中にある蝦夷が島（北海道）に渡り、その大王が所蔵する「大日の法」という兵法を記した巻物をもち帰るべきである、と勧めた。そこで義経は、津軽の十三湊から出帆し、馬人島や女護島、ちいさご（小人）島などを経て蝦夷が島の都に着き、大王と師弟の約を結んだ。大王の娘と契り、その導きによって大日の法を盗みとった義経は、命からがら秀衡のもとに帰還し、大日の法を用いて源氏の興隆を招来した。

アイヌ語研究者の金田一京助《きんだいちきょうすけ》は、アイヌの義経伝説に強い関心をもち、「義経入夷伝説考」「アイヌの義経伝説」「英雄不死伝説の見地から」「日高国義経神社の由来」といった義経伝説にかんする多くの論考を著しています。そのなかで金田一は、アイヌの義経伝説が「御曹子島渡り」をベースとしており、この中世説話のアイヌ社会への流布はかなり古い時代にさかのぼるであろう、と次のように述べました。

一六六九年、和人とアイヌの戦争であるシャクシャインの戦いが起き、これにより和人がむやみに北海道に出入りすることは禁じられた。しかしそれ以前には数千から数万人を数える金掘り（砂金採掘者）など多数の和人が各地に入りこんでいた。かれらを通じて「御曹子島渡り」の古浄瑠璃、あるいは古浄瑠璃として成立する以前の「御曹子島渡り」の物語が、アイヌ社会に伝えられた可能性は考えられるのではないか（要旨）[27]。

金田一はさらに、アイヌのユーカラ自体このような日本の古浄瑠璃を起源に成立したのではないか、と指摘しています。

アイヌの義経伝説は、『蝦夷談筆記』など一八世紀初頭以降の史料に記録されており、当時すでにユーカラとして定着していたことがわかります。したがって金田一がいうように、「御曹子島渡り」説話のアイヌ社会への伝播が、一七世紀あるいはさらにそれ以前にさかのぼるのはまちがいありません。アイヌ社会には、「御曹子島渡り」にとどまらず日本の中世説話のたぐいが早くから普及していたのかもしれません。

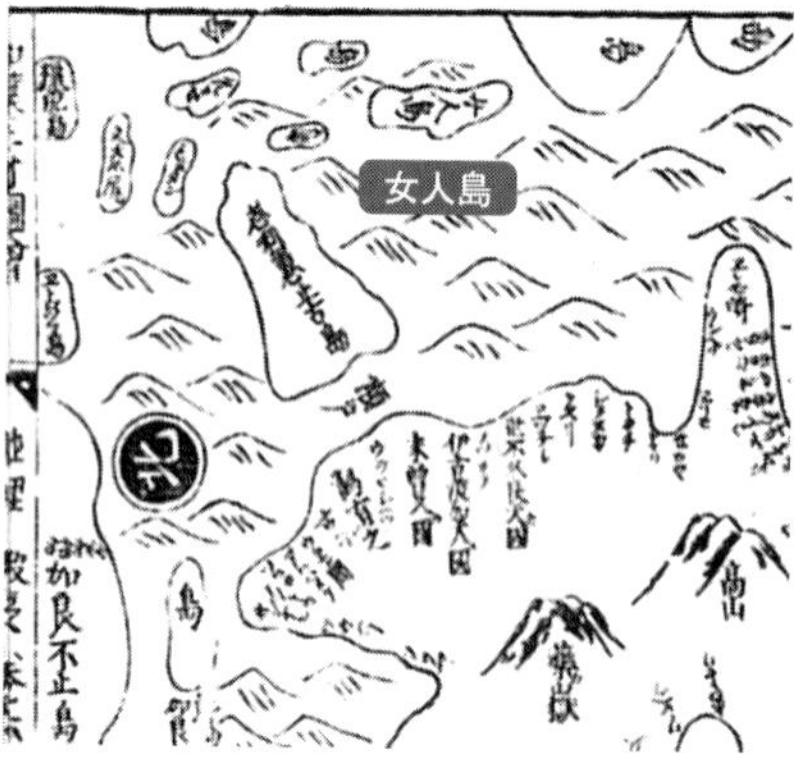

『和漢三才図会』巻六四「蝦夷之図」（部分）
国立国会図書館蔵。

寺島良安《てらしまりょうあん》『和漢三才図会《わかんさんさいずえ》』（一七一三年）所載の「蝦夷之図」は、知床半島を大きめの島として描きながら、その付近に「女人島」「クルミセ」「久奈尻《くなしり》」「猟虎《らっこ》島」「エトロツフ島」などの島を配しています。『津軽一統志《つがるいっとうし》』巻十付図（一七三一年）の地図にも「女島」が記されていますが、興味深いのはその近くに「小人島」が描かれていることです。

菊池勇夫《きくちいさお》は、この千島の「女人島」や「小人島」について、女護島やちいさご島などが登場する「御曹子島渡り」の物語世界の投影であるとしています。[28] アイヌの「小人」伝説の成り立ちについても、「御曹子島渡り」や「一寸法師」など小人が登場する日本の中世説話が影を落としていた可能性はありそうです。

Ⅲ　伝説の起源を考える

江戸時代の史料に採録された小人伝説は、けっして多いとはいえませんが、そのなかにも時代的な変化があるらしいことを読みとってきました。

ひとつは、小人伝説の基本的なモティーフともいえる、アイヌのイレズミ習俗が小人のイレズミに起源したとする伝承と、窓から小人の手を引き入れたとの伝承は、一九世紀ころに付け加わった要素と考えられることです。

もうひとつは、小人の名称に地域差と時代差があり、道東に偏って分布していたとみられる「竪穴系名称」が古く、全道に分布する「フキの葉系」名称は新しいものではなかったか、ということです。

さてそうすると、一九世紀前に採録された小人伝説は、おおむね古相をとどめるものだったということになるわけですが、それらに共通するモティーフはいったいどのようなものだったでしょうか。

一　古相の伝説の特徴

小人伝説の原型　一九世紀前の史料は、A～Dの四つでした。そのなかで内容が詳細にわたっているのは、道東で聞き取られた史料B『勢州船北海漂着記』（一六六二年）です。そのモティーフは次のようなものでした。

・小人は本島から一〇〇里も離れた「小人島」に住んでいる。
・その島にはワシが多くいる。
・小人は船で本島にやってくる。
・その目的は土鍋製作用の土（粘土）の採取にある。
・アイヌが脅すと小人は身を隠す。

このうち小人が「小人島」に住んでいるとのモティーフは史料Cに共通しており、船でやってくるとのモティーフは史料CとDに共通しています。一九世紀以降の史料では、小人が島に渡ったというモティーフが、『勢州船北海漂着記』と同じ道東で聞きとられた史料Eにみえます。

小人の来訪の目的が土の採取にあったというモティーフについても、史料CとDに共通しています。ただし、『勢州船北海漂着記』では土の採取の目的が土鍋製作であると具体的に説明されているのに対し、史料CとDではその目的は語られておらず、意味不明の神秘的な行為となっています。この点で『勢州船北海漂着記』の記事は、より原型に近いものではなかったかと考えられます。

一九世紀以降の史料には、土の採取伝承は認められません。ただしそのなかで、史料GとHの小人が土器を用いていたとの伝承は、あるいはこの土鍋伝承に連なるものとみてよいのかもしれません。

アイヌが脅すと小人が身を隠すとのモティーフは、『勢州船北海漂着記』以外には確認できません。しかし史料Dでは、小人の正体を明らかにしようとその船を追うと、いずこともなく去ったとされていますから、同類のモティーフと理解してよさそうです。小人がアイヌとの直接的接触を避けたという伝承は、一九世紀以降の近世史料や近代に採録された伝説にも共通する基本的なモティーフです。

このようにみてくると、『勢州船北海漂着記』は、やはりアイヌの小人伝説のなかでもっとも原型に近いものと考えてよさそうです。もちろん、船員たちの聞きとったこの伝説が、当時の小人伝説の内容をもらさず伝えているとはかぎりません。しかしそこには、小人が住む島の特徴や、小人が北海道本島にやってくる目的、小人とアイヌの関係などが具体的に語られており、ほかの史料に採録された伝説とはリアリティの点で大きく異なっているのです。

では、この小人やかれらの住む島は、実在の集団や土地がモデルになっている可能性はないのでしょうか。いくつかの史料や記録を手がかりに、この問題に迫ってみたいとおもいます。

二　小人島とオオワシ

宝としてのワシ羽　『勢州船北海漂着記』は、小人の島にワシが多くいると伝えていました。近世のアイヌ社会はオオワシの尾羽を本州へ大量に移出しており、それは本州産物獲得のための重要な交易品となっていました。北海道の歴史でワシといえば、一般にオオワシを意味します。したがって、このワシはオオワシを指すとみてまちがいありません。

オオワシは冬になると大陸から北海道に飛来しますが、本州ではその尾羽が古代から一貫して矢羽として珍重されてきました。日本側の史料ではオオワシの尾羽にかんする記載が一〇世紀の『西宮記《さいきゅうき》』や『宇治拾遺物語《うじしゅういものがたり》』などにみえはじめ、一一世紀以降の史料に頻出します。一一世紀の『新猿楽記《しんさるがくき》』には、北は蝦夷の地から鬼界島まで往来する商人、八郎真人《はちろうまひと》が取り扱っていた日本・大陸・南島の希少な産物――金・銀・銅・真珠・水晶・ガラス器・ヤコウガイ・サイの角・ジャコウなど――にまじってオオワシ羽がみえます。

一二世紀には北海道のオオワシ羽が奥州藤原氏の重要な財源となっていましたし、伊勢神宮では二〇年ごとの式年遷宮にあたって、数千枚ものオオワシ羽をもちいた矢を神宝として奉献してきました。さらに近世の松前藩は、高級品であったオオワシの羽・クマの毛皮・クマの胆・ラッコの毛皮について他の産物と扱いを別にし、将軍への献上や大名間の贈答にもちいていました。オオワシ羽は北の世界が生み出す宝だったのです。

オオワシはロシア極東地方沿岸が繁殖地ですが、冬には道東・サハリン・千島・カムチャツカに飛来します。とくに千島は、サハリンから道東オホーツク海沿岸を経て千島に飛来する南下ルートと、カムチャツカから千島に飛来する南下ルートの二つが交差し、近世にはオオワシ羽とラッコ皮が特産品になっていました。そしてこの千島のなかでも、ラッコ島と呼ばれたウルップ島やパラムシル島など北千島がオオワシ羽の主産地となっていたのです。[29]

小人・オオワシ・千島アイヌ　このような事実を踏まえて川上淳《かわかみじゅん》は、『勢州船北海漂着記』で小人が住んでいるとされた、船で一〇〇里も離れたワシの多い島とは、北千島かカムチャツカではないかと述べています。[30] 私もそうおもいます。
そこで思い出していただきたいのが、史料E『辺要分界図考』に小人が北千島ウルップ島に渡ったとあること、史料F『東海参譚』に小人がクルムセ（千島の人）だったとあることです。名寄アイヌの北風磯吉も小人が千島に移り住んだと伝えていました。小人を千島の集団とする伝承がいくつもみられるのです。

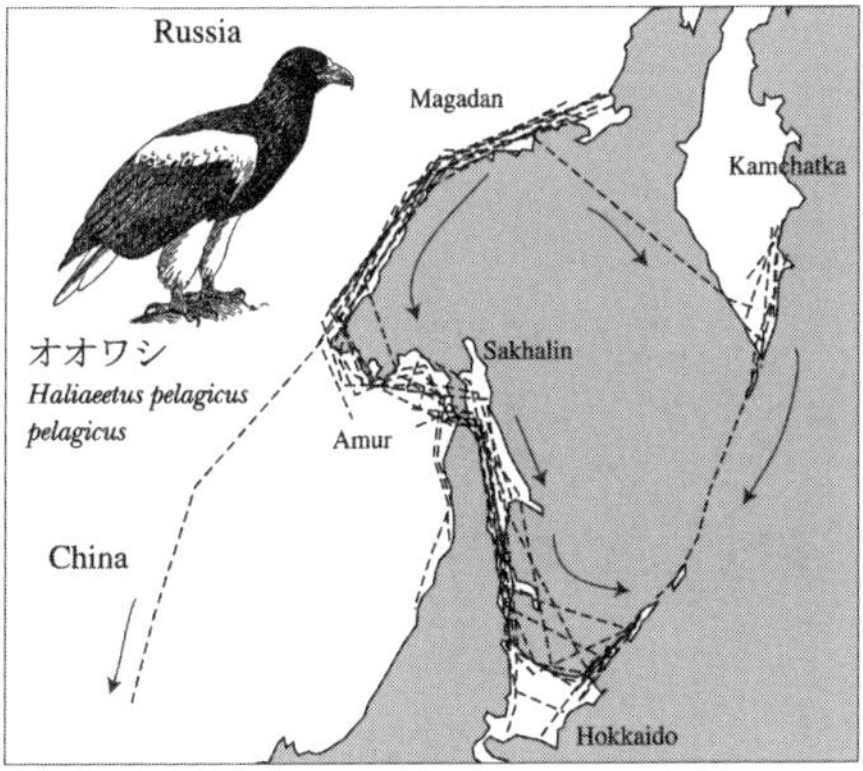

人工衛星で追跡したオオワシの渡り経路
Mcgrady et al. 2000。

なお川上は、『勢州船北海漂着記』の小人について、アイヌとは異なる形質的特徴をもつ人びと、すなわち異民族集団であろうと考えています。そしてこの異民族集団について、カムチャツカの先住民イテリメン（カムチャダール）やアリューシャン列島の先住民アリュートではなかったかと指摘しています。

たしかに近世後期には、ロシア人によってアリュートが千島の一部地域に移住させられるなど、アイヌ以外の民族集団が実際に千島に入りこんでいました。しかし、小人をただちにこのような異民族集団と解してよいのか、問題がありそうです。この点については後述します。

小人・オオワシ・千島アイヌ三者の関係を示唆する伝承は、『勢州船北海漂着記』以外にも、前章で述べたオキクルミ伝説のなかにみえます。

近藤重蔵『続蝦夷草紙《ぞくえぞそうし》』（一八〇四年）によれば、義経（オキクルミ）は道央日高の沙流《さる》川の上流でカニケシチカップという金色の羽のワシに遭遇し、これを追ってポンルルカの国に至ったといいます。このポンルルカ国とは、史料Eにも登場するイチャンゲムシが語ったところによれば、カムチャツカの古称であり、トイチセコツチャカムイ（小人）の末裔であるクルムセ（千島アイヌ）の国でした。この伝説から、北千島ラショワ島出身のイチャンゲムシは、カムチャツカが千島アイヌの領域であり、みずからを小人の末裔と認識していたことがわかります。

いずれにせよ、このオキクルミ伝説にみえる金色の羽のワシは、その飛び去った先がカムチャツカだったのですから、オオワシを指していたとみてよいでしょう。ここでも小人・オオワシ・千島アイヌの関係が示唆されているのです。

ちなみにこの伝説を伝えていた日高の沙流川筋のアイヌは、自分たちの先祖が千島からやってきたと伝えていました。[31] これもたいへん興味深い事実です。

前章でオキクルミ伝説と小人伝説の融合について指摘しました。しかし千島アイヌのあいだでは、義経（オキクルミ）伝説と小人伝説の融合が、それとはちがったかたちで存在していたようです。つまり小人をみずからの祖先と認識し、その成り立ちに義経（オキクルミ）の伝承をからめることで、千島アイヌの独自性とともに、みずからを貴種あるいは神の末裔とすることが了解されていたのです。

小人に対する賤視や神秘化、あるいは小人を異民族集団とする認識は、千島アイヌのなかには存在していなかったのです。

三　土鍋と竪穴住居

周縁地帯と土鍋習俗　『勢州船北海漂着記』では、小人が北海道本島へやってきた理由として土鍋の原料となる粘土の採取を伝えていました。

実は北千島アイヌも近世末ころまで土鍋の製作をおこなっており、その原料である粘土を採取するため、ほかの島々におもむいていた人びとだったのです。

サハリンアイヌの土鍋（『北夷分界余話』）　間宮 1988。

北海道では一三世紀になると本州から鉄鍋が流通し、土器作りが終わったと述べました。ただし全道で一斉に鉄鍋におきかわったわけではありません。日本海側では一一世紀末、道東ではこれに遅れて一三世紀に土器作りが終わり、本州産の鉄鍋におきかわりました。日本海交易によって流通がさかんだった日本海側にくらべて、道東のアイヌは流通の点で大きなハンディキャップを背負っていたようです。

そのためか道東では、土器作りの伝統が基本的に絶えた一三世紀以降の遺跡から土鍋が出土することがあります。これらは一四～一五世紀、ところによっては一六世紀まで作られていたと考えられています。[32]道東で鉄鍋が手に入らなかったわけではありませんが、時期によって本州産物の流通が途絶えがちになることもあり、そのため土鍋作りが細々と続いていたのでしょう。

その道東でも、土鍋作りはさすがに近世前には絶えたとみられています。しかしアイヌ社会の周縁地域だったサハリンや千島、カムチャツカ南部では、その後も土鍋作りがおこなわれていました。間宮林蔵《まみやりんぞう》『東韃地方紀行《とうだつちほうきこう》』（一八一〇年）には、サハリンアイヌが当時使用していた土鍋のスケッチが描かれています。サハリンでは近世末の一九世紀前半ころまで土鍋作りがおこなわれていたのです。

千島の土鍋作りと粘土の調達　現在はロシアの実効支配下ですが、第二次大戦前の北千島では、日本人によって遺跡の発掘調査もおこなわれていました。その報告によれば、土鍋を出土する竪穴住居からは江戸時代の寛永通宝や近世のロシア銅貨も出土しています。近世の千島で土鍋作りがおこなわれていたのは確実です。

さらに鳥《とり》居《い》龍《りゅう》蔵《ぞう》は、一八九八年の千島調査の際、七〇歳以上の千島アイヌの老人から土鍋の製法を聞きとっています。当時すでに千島アイヌは土鍋作りをおこなっていませんでしたが、製法を詳しく記憶していたのですから、サハリンと同じく一九世紀前半ころまでは土鍋作りがおこなわれていたのでしょう。

ちなみに、鳥居が聞きとった千島アイヌの土鍋の製法は次のようなものです。

まず粘土と砂を調合し、これをよく練ってノツカンキと呼ぶ繊維のごく細い草を切って混ぜ合わせます（土器を強固なものにするため、粘土に草や紐などの繊維を混ぜこむ製法は実際に世界各地でみられます）。次に粘土を紐にし、輪のように積み上げ、鍋のかたちにします。できあがったら、なかを水で満たし、囲炉裏において四方から火であぶります。水がすべて蒸発したら火からおろし、これをしばらく放置すると完成しました。[33]

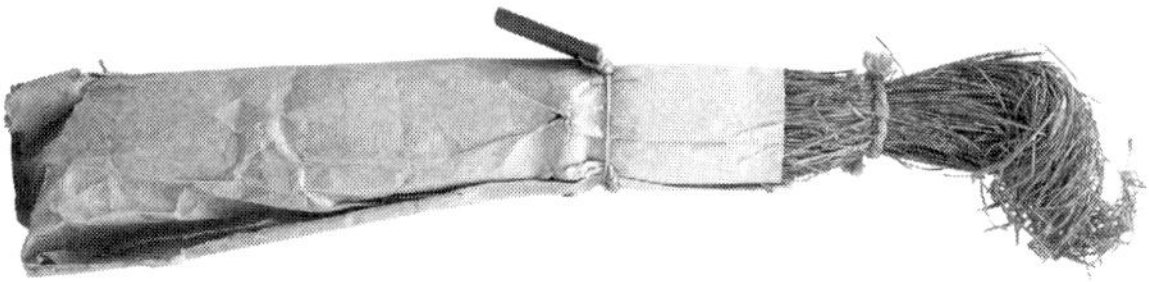

北千島アイヌが土鍋の粘土に混和した草（ノツカンキ？）
鳥居龍蔵収集。(財)アイヌ文化振興・研究推進機構 2011。

鳥居によればこの原料粘土は、北千島シュムシュ島アイヌの場合、隣接するアライト島へ採取しに行き、北千島ラショワ島のアイヌはモジリケシという土地で採取していたといいます。

このモジリケシの地名がどの島に所在したのか、一九一四年〜二五年に陸軍陸地測量部が作製した千島五万分の一地形図に収録された全地名[34]を確認してみたところ、ハボマイ群島水晶島にモシリケシの地名をみつけることができました。粘土採取のため北千島からわざわざ本島に近い水晶島まで行ったのか不思議におもい、鳥居による千島地名集成を確認してみたところ[35]、ラショワ島にもモジリケシ地名をみつけることができました。

つまり北千島では、ラショワ島のように粘土を島内で調達できる島もあれば、シュムシュ島のように島内では調達できず、島外へ粘土を採取しに出かけることもあった、ということのようです。後者の事実は、小人が土鍋の粘土を採取しにきたという伝説の発生を考えるうえできわめて重要です。

ちなみにアレクサンドル・S・ポロンスキーの『千島誌』は、千島列島のほぼ真ん中に位置する北千島ケトイ島はいたるところに粘土があり、その青色粘土を掘削した穴があったことを紹介しています。これは鳥居がいうように、土鍋原料である粘土の採掘坑と考えられそうです[36]。ケトイ島は全体が山岳からなる火山島で、季節的な猟場として利用される以外アイヌの集落はなかったようですから、ほかの島から粘土を採掘にきていたのでしょう。

なお、同じ千島のなかでも北海道本島に近い南千島は、北千島と様相が大きく異なり、近世に土鍋が使用されていたという記録は確認できません。北千島より早く、おそらく本島とほぼ同じころ土鍋作りが終わったのでしょう。

土鍋伝承の成立

では、千島では土鍋がいつごろから使用されていたのでしょうか。

長《おさ》田《だ》佳宏《よしひろ》は、北海道・サハリン・千島で出土している土鍋を集成し、それらを形状からⅠ期（擦文《さつもん》文化終末ころの時期）、Ⅱ期（擦文文化終焉後から近世前まで）、Ⅲ期（近世以降）の三つに分けています。千島の場合、古いⅠ期の土鍋は南千島エトロフ島で一点出土しているだけで、北千島からは出土していません。しかしⅡ期の土鍋は北千島でも多く出土しています。[37]

これらの事実から、南千島で土鍋が使われはじめたのは道東と同じ擦文文化終末ころ（一三世紀前後）であり、一方、北千島では一三世紀から一六世紀のあいだのいずれかの時期に使われはじめた、と考えられます。なおこの土鍋は炉かぎにヒモで吊り下げて使用しましたが、そのヒモが燃えてしまわないよう鍋の内側に吊り耳をもっています。そこで考古学ではこれを「内耳《ないじ》土鍋」と呼んでいます。

さて以上のようにみてくると、小人が土鍋の粘土を採取する目的でやってきたという伝承の成立は、それが道東で採録されたことから、すでに土鍋作りをおこなっていなかった道東アイヌが北千島アイヌの土鍋習俗を見聞し、これを奇異なものと感じた事実にもとづいているのではないか、と考えられます。その時期は、道東で土鍋製作が絶えた一五〜一六世紀以降、『勢州船北海漂着記』成立の一七世紀後葉までのあいだ、ということになります。

北千島アイヌが粘土採取のため、わざわざ北海道本島までやってきたことは考えにくいのですが、本島を訪れたついでに粘土を採取していくことはあったかもしれませんし、採取のため島外におもむいていた事実自体が伝承に反映されていたのかもしれません。

ちなみに、土鍋製作を近世末ころまでおこなっていた北千島とサハリンでは、当時鉄鍋が流通していなかったわけではありません。たとえば、一七一一年と一三年の二度、北千島の調査をおこなったコサック隊隊長イワン・コズィレフスキーによれば、北千島パラムシル島のアイヌは交易によって日本産の絹織物・木綿織物・刀・陶磁器と鉄鍋を入手していました。かれらは甲冑も所持していたといいます。[38] また『休明光記《きゅうめいこうき》遺稿《いこう》』によれば、北千島ラショワ島アイヌが「鍋交易」のため一七六八年に南千島エトロフ島に来島していました。[39]

北千島アイヌの竪穴住居　移住先のシコタン島にて。torii 1919。

千島と竪穴住居　小人の名前には、竪穴住居に住む人（神）を意味する「竪穴系名称」と、フキの葉の下の人（神）を意味する「フキの葉系名称」があること、このうち「竪穴系名称」が道東に分布していたらしいことを指摘しました。

この竪穴住居ですが、本島アイヌの住居は一三世紀に竪穴住居から平地住居へ変わりました。しかしサハリンや千島など周縁のアイヌ社会では、土鍋と同様、竪穴住居の習俗が遅くまで存続していました。たとえば寒冷なサハリンでは、竪穴住居は明治時代になっても使われており、夏のあいだは通気性がよく爽快な平地住居、冬になると気密性が高く暖房効率のよい竪穴住居に移り住んでいました。

北千島については、先に述べたように竪穴住居跡から寛永通宝やロシア銅貨など近世の遺物が出土していますから、竪穴住居が近世に使用されていたことは明らかです。[40]また一八七五年の開拓使の報告のなかに、北千島シュムシュ島のアイヌが竪穴住居を意味する「土室」に住むとあること、[41]さらに一八八〇年ころ南千島シコタン島に強制移住させられたシュムシュ島のアイヌが竪穴住居に住んでいた事実などから、近代初期までその習俗が残っていたことがわかります。

一方、南千島では、近代になって竪穴住居が使用されていたとの記録はないようです。しかし、一七一二年にエトロフ島に漂着した大隅国船の『エトロフ島漂着記』によれば、地元のアイヌは穴を掘ってそのなかに住んでいたといいます。[42]南千島でも、近世にはまだ竪穴住居が使用されていたのです。

ただし、大隅国船の船員たちが招じ入れられた住居は「家の形はしほやの様に柱なしに出際よりふきあげ、草柴などを打覆ひ屋根になし、煙出し一つ明け、戸口一つ有之、内は五畳敷程有之候」というものでした。ここにいう「しほや」とは、塩田の粗末な草葺きの作業小屋のことでしょう。エトロフ島アイヌの家は、そのような粗末な草葺き住居であり、さらに「柱なし」は壁で屋根を支える構造、「出際よりふきあげ」は地面から草葺き、つまり屋根だけでなく壁も草葺きであると解釈できます。竪穴住居は基本的に柱で屋根を支える構造ですから、これは竪穴住居ではなく、川上淳も指摘するように本島アイヌが住んでいた平地住居チセと同じものということになります[43]。近世のエトロフ島では平地住居と竪穴住居が混在していたのでしょうか。

同じ南千島でも本島に一番近いクナシリ島では、近世初期にはすでに竪穴住居はみられず、平地住居のチセに移行していたようです。たとえば一六四三年、千島に来航したオランダ東インド会社のマルテン・G・フリースは、クナシリ島アイヌの住居が草で覆われており、壁面は大きい木の皮を綴りあわせていると記しています[44]。つまり壁のある平地住居だったのです。住居を樹皮で覆うのは道東のチセの特徴でした。

さて、小人伝説のモデルが竪穴住居を遅くまで使用していた千島アイヌだったとすれば、小人を竪穴住居に住む人（神）と呼ぶ「竪穴系名称」が道東に偏って分布することは、ごく自然に理解できるのではないでしょうか。小人の名前のなかに、千島の人と呼ぶ「千島系名称」があることも、この推定を裏付けます。

さらに、小人が千島アイヌの現実の習俗を反映して成立したとすれば、先に述べたとおり「竪穴系名称」のほうが「フキの葉系名称」より古く成立した可能性が高いといえます。

四　欠落するアイヌとのコミュニケーション

千島アイヌの沈黙交易　小人がアイヌとの直接的接触を避けたという伝承は、一七世紀代の初期史料から近代の採録にまで共通する、小人伝説の基本的なモティーフです。どの伝説をみても、小人はアイヌと接触しようとしていません。

同時に小人は、アイヌにとって対立的な存在ではなく、食物を贈与してくれる友好的な関係にありました。実際、道央札幌市のアイヌは、小人が「カムイアシ（悪神）」ではなかったと伝えています。[45]小人がアイヌとの直接的な接触を嫌っているにもかかわらず、アイヌの側に小人を敵対的とする認識が一貫して存在しなかったのは、実に不思議なことではないでしょうか。

このアイヌと小人の贈与関係について、日本石器時代人論のコロポックル論争にかかわった研究者たちは、いずれもアイヌと小人の交易を意味すると理解していました[46]。実際、近代に再録された伝説のなかには、小人がアイヌと物々交換していたと明確に伝えるものもいくつかあります。小人は、アイヌとの直接的な接触を避けながら交易をおこなう人びとだったようです。

実は千島アイヌこそ、まさにこのような特殊な交易方法、つまり「沈黙交易」によって知られる人びとでした。この事実を示す史料としてよく知られているのが新井《あらい》白石《はくせき》『蝦夷《えぞ》志《し》』（一七二〇年）です。そこには千島アイヌと道東霧多布《きりたっぷ》（現浜中《はまなか》町）アイヌとの交易について次のように述べられています。

> 本島アイヌは毎年、交易品（コメ・塩・酒・タバコ・綿布）を満載して千島に向かう。

投げ槍を構えるアリュート　大塚編 2003。

> かれらが島の沖合に船を停泊すると、これをみた千島アイヌは山上に隠れる。本島アイヌはそれを確認し、浜に交易品を運び並べて沖合の船に戻る。すると、千島アイヌが浜に降り、自分たちがほしいとおもう品物を選び、かわりに獣皮をおいていく。本島アイヌはふたたび浜にきてこれをもち帰るが、獣皮が多すぎるとおもえば一部を残すか、それにみあった品物をおいていく（要旨）[47]。

交易する双方が接触せず、交互に品物をおき、双方とも相手の品物に満足したとき取引が成立するこのような交易を、一般に「沈黙交易」といいます。類例は世界各地のさまざまな時代にあり、枚挙にいとまがないほどです。

　この方法は、言語の異なる集団のあいだだけでなく、たがいに言葉の通じる集団のなかでもおこなわれていました。沈黙交易をおこなっていた千島アイヌも、本島アイヌと同じ言語集団だったのですから、両者の意思疎通はもちろん可能でした。千島に近い例をみると、アリューシャン列島のアリュートも、同じ民族集団のなかで沈黙交易をおこなっていました[48]。つまり沈黙交易は、言語や文化の壁を乗りこえて交易するためだけでなく、言語が通じるにもかかわらず、直接的な接触を避けながら交易するためにもおこなわれていたのです。

服は盗まれたのか　このような千島アイヌにおける沈黙交易の存在は、『勢州船北海漂着記』の船員たちと南千島エトロフ島アイヌのあいだで起こった、次のような出来事からもうかがうことができます。

　船員たちが濡れた服を一〇着ほど干しておいたところ、エトロフ島のアイヌがこれをもって行ってしまった。追いかけると弓で船員たちを脅すので、そのままにしておいた。アイヌたちは寄り集まって何事か相談し、獣の皮を六枚われわれの船に投げ入れた。船員たちは、皮でできたものを船中におくことを忌み嫌う風習があったため、これをアイヌに返そうとすると、また弓で脅すので、そのままにしておいた（要旨）[49]。

エトロフ島アイヌは、浜辺に干しておいた服を盗んだのではなく、交換の品物と認識していたのではなかったか、とおもわれます。だからこそ、その対価として船員たちに毛皮を与えたのでしょう。これは『蝦夷志』に記された、千島アイヌと本島アイヌの沈黙交易とまったく同じものといえます。エトロフ島のアイヌは、相手が言葉の通じない和人だったから、このような方法を用いたのではなかったと考えられます。

千島アイヌが本島アイヌや和人との直接的な接触を強く避けていたことは、同じ『勢州船北海漂着記』の次の記事にもうかがえます。

船員たちが上陸した場所は、アイヌの村まで往復三日ほどの距離であった。生きて故郷へ帰れたなら、その村のことを土産話に聞かせたいとおもい、船員たちがアイヌの後についていくと、かれらはしきりに手で突きかえそうとする。それでも無理についていこうとすると、かれらは弓で脅した（要旨）。

本島アイヌは、和人であれ西洋人であれ、村に招き入れ歓待するのが通例でした。直接的な接触を嫌う千島アイヌの気質は、アイヌ社会では異例なものであったとおもわれます。かれらが船員たちを武器で脅かし、村への来訪を阻止した理由は明らかではありません。しかし千島アイヌのこの奇妙な気質が、アイヌとの直接的接触を嫌う小人のモティーフに影を落としていたことは考えられそうです。

変容する千島アイヌ　ところが、『勢州船北海漂着記』から約五〇年後の一七一二年、同じ南千島エトロフ島に漂着した大隅国船の記録によれば、地元のアイヌたちは船の金属部品や船員たちが着ている木綿製の衣服をむりやりはぎとるなど、略奪をおこなっています。

さらに、あれほど自分たちの村へ招じ入れることを嫌っていたかれらが、船員たちを村へ伴っています。[50] エトロフ島アイヌの沈黙交易の習俗や、直接的な接触を嫌う気質は、大きく変化していたようです。

一八世紀前後の千島では、和人の商人が道東にも拠点を設け、交易が活発化するとともに、ロシア人の千島南下や、それにともなうアイヌの殺戮や戦いなども生じていました。このような否応なしの「国際化」や「交流」の波を受け、エトロフ島アイヌにとどまらず千島全体で、「異人」や交易に対する考え方や対応に、それまでとは異なる大きな変化が生じていたのかもしれません。

ただし、一六四三年のフリースの記事によれば、かれらが接触した千島南端のクナシリ島のアイヌは友好的で、フリースたちを集落に招いてもいます。[51] その姿は本島アイヌと異なりません。

クナシリ島についいては、竪穴住居について述べたなかで、本島と同時期に平地住居へ移行していたこと、つまり本島とリアルタイムで文化変容を遂げていたらしいことを指摘しました。クナシリ島アイヌは、千島のほかの島々とは異なり、一貫して本島アイヌと密接な交流をもち、文化や習俗を共有していたようです。

根室半島と知床半島のあいだに食いこむように位置するクナシリ島は、北海道本島からその島影をはっきりとみることができます。まさに指呼の間です。その島の人びとが本島アイヌと文化や習俗を共有していたのは、当然のことといえるでしょう。

五　小人伝説を知らないアイヌ

小人伝説を知らなかった北千島アイヌ　古相と考えられた小人伝説のなかに、千島アイヌに特徴的な文化や産物——竪穴住居や土鍋など古代的な文化伝統・沈黙交易という奇妙な習俗・オオワシやラッコなど高価な資源——が反映していた可能性をみてきました。小人伝説のモデルは千島アイヌだったのではないか、とおもわれるのです。

さらにこの小人は、千島アイヌのなかでも北千島アイヌをモデルとしていた可能性が浮

千島アイヌの女性　Landor 1893。

かび上がってきました。

そこで、小人のモデルが北千島アイヌであったことを示唆する、もうひとつの事実をご紹介しておくことにしましょう。

アイヌの小人伝説は、アイヌ社会の全域で伝えられていました。全域とは北海道本島・サハリン南部・千島のことです。しかし一部地域のアイヌだけがこの伝説を知らず、そのような話を耳にしたこともないと述べていました。それは北千島アイヌです。史料をみてみましょう。

高岡直吉《たかおかなおきち》「北千島調査報文」（一九〇〇年）は次のように伝えています。

昔、南千島のエトロフ島とクナシリ島のアイヌは、北千島アイヌのことをチュプカアイヌ（東方のアイヌ）と呼んでいた。今日では（ロシアの影響を受けて）身なりや風俗が大きく異なり、一見すれば別の人種のようにもみえる。しかし言語や伝統的な風俗習慣は、南千島や本島のアイヌと同じである。この風俗習慣というのは、女性が口のまわりや手にイレズミを施すこと・肌をあらわにしないこと、神事にヤナギの枝で作る木幣をもちいること・捧酒箸《ほうしゅばし》という儀器をもちいること・神酒を供すること・祭壇に刀などを飾り付けること、裁判にあたって熱湯のなかに入れた針を拾わせること・大量の水を飲ませること、応接の礼式などである。ただし両者には大きな差異があった。それは歴史的な伝説の有無である。つまり、北千島アイヌは小人伝説を伝えておらず、さらに（アイヌ社会で広く知られている）オキクルミやサマイクルなどの伝説についてもこれを知らなかった（要旨）。[52]

また鳥居龍蔵は、「北千島に存在する石器時代遺跡遺物は抑《そもそ》も何種族の残せしもの歟《か》」（一九〇一年）という論文のなかで次のように述べています。

北千島ラショワ島から北の島のアイヌに、小人伝説についてどんな話を伝えているのか聞いたところ、かれらはこのようにこたえた。「小人伝説は聞いたことがない。われわれ以前に竪穴住居に住み、土器や石器をもちいていた人間がいたことなど、昔から話しに聞いたこともない」。小人伝説は、北海道の全域と、千島では南千島のクナシリ島・エトロフ島で伝えられているが、北千島に住むアイヌはこの話を知らない（要旨）[53]。

北千島アイヌは、その言語はもちろん、イレズミ・神事や裁判の方法といった風俗習慣についても、北海道本島や南千島のアイヌと異なるところがありませんでした。同じアイヌ集団として、基本的に大きな差異をもつ人びとではなかったのです。しかし北千島アイヌは、北海道本島・サハリン・南千島のアイヌであればだれでも知っている小人伝説や、アイヌの口承文学の基層をなすオキクルミ・サマイクル伝説を、なぜか知りませんでした。

鳥居は一八九八年に、南千島エトロフ島の八〇歳ほどのアイヌから小人伝説について聞きとっていますが、そこで語られた内容は、一九世紀以降伝えられていた小人伝説とまったくかわらないものでした。南千島のアイヌはたしかに小人伝説を伝えていたのです。[54]

小人伝説の欠落は、アイヌ社会における北千島アイヌの強い特異性を浮きぼりにしています。そしてアイヌ社会のなかで唯一、小人伝説を伝えていなかったこの事実は、北千島アイヌこそ小人の当のモデルであったことを物語っているのではないでしょうか。

北千島アイヌの歴史認識　北千島アイヌは、竪穴住居や土器・石器を残したのが小人ではないと述べていましたが、では、それらを残した者をかれらはどのように理解していたのでしょうか。

鳥居によれば、北千島アイヌは、竪穴住居や土器・石器を自分たちの祖先が残したものと考えて疑っていませんでした。

北千島アイヌは、北海道本島にはアイヌがおり、その南には和人、北にはカムチャツカ先住民のイテリメン（カムチャダール）がいることを知っていました。またカムチャツカ

千島アイヌの仮面（模型）
鳥居龍蔵収集。(財)アイヌ文化振興・研究推進機構 2011。

の向こうにはコリヤークやアリュートといった先住民がいることについても、ロシア人から聞いて理解していました。かれらは周辺世界の民族的状況を正しく認識していたのです。

そのうえで北千島アイヌは、祖先から代々占拠してきた北千島に自分たち以外の人間がいない以上、竪穴住居や土器・石器を残したのが自分たちの祖先以外の者とは考えられない、と鳥居にこたえています。

このような北千島アイヌの認識は、自分たちの前に小人という先住者がいたとする本島などのアイヌの認識とは、大きく異なるものでした。コズィレフスキーによれば、北千島アイヌは南千島や北海道本島のアイヌを「キフ・クリル」と呼んで自分たちと区別していました。[55] 北千島アイヌは、かれら固有のアイデンティティと歴史認識をもつ人びとだったのです。

ところで先にみたように、みずからを小人の子孫と考えていた北千島ラショワ島のイチャンゲムシは、クルムセ（千島）が小人の末裔の国であると伝えていました。つまりかれは、北千島アイヌでありながら小人伝説を知っていたということになります。これは、北千島に小人伝説が存在しないとする高岡や鳥居の聞きとりと矛盾するのではないでしょうか。

イチャンゲムシはたしかに北千島の出身でした。しかし子供のころ南千島エトロフ島にいたことがあり、また大人になってからはエトロフ島に移住しています。かれはそこで首長にまでなった人物です。北千島出身とはいっても、実際には南千島で人生の大半を過ごした人物だったのですから、イチャンゲムシは当然、南千島で小人伝説を聞き知っていたでしょう。

そのうえでイチャンゲムシは、竪穴住居に住むという小人の伝説を、現に竪穴住居に暮らしている故郷の北千島アイヌになぞらえ、小人は自分たち北千島アイヌの祖先であると認識していたのではないでしょうか。

さて、小人のモデルが千島アイヌであったのか、あるいは北千島アイヌに絞りこむことができるのか、決着は最後の章で述べてみたいとおもいますが、いずれにせよ小人伝説のモデルが千島アイヌであったことはまちがいない、とおもわれるのです。

Ⅳ　アイヌの千島進出

小人伝説が道東アイヌと千島アイヌの接触をとおして成立したと考えてみたとき、その成立時期については次のように押さえることができます。

小人伝説はジョン・セーリスの記録（一六一三年）にみえますから、その成立自体はまちがいなく一七世紀より前にさかのぼるでしょう。

一方、小人は土鍋を用いており、この習俗が道東アイヌの目には奇異なものと映ったのですから、伝説の成立は道東で土鍋の習俗が絶えて以降ということになります。道東では一四～一五世紀まで土鍋が作られていた、つまり土鍋が絶えたのは一五～一六世紀以降とみられますから、伝説の成立がこの一五世紀～一六世紀をさかのぼることはありえません。

以上から、小人伝説は一五世紀～一六世紀に成立したということになります。

実は、このころアイヌは北千島へ進出し、カムチャツカの南端まで達していたのではないか、とおもわれます。小人伝説の成立はこの千島への植民、すなわち千島アイヌの成立とかかわっていたのではないでしょうか。

アイヌの千島進出についてみていくことにしましょう。

一　近世前の千島列島

アイヌの祖先と千島列島　千島列島は、北海道の根室半島からカムチャツカ南端のロパトカ岬まで、およそ一二〇〇キロにわたって連なる大小二三の島々からなっています。

北端のシュムシュ島と南端のハボマイ群島を除いて、いずれも火山島であり、平地に乏しく、居住適地はきわめてかぎられています。

南千島エトロフ島とこれに隣りあう北千島ウルップ島のあいだは、エトロフ水道と呼ばれ、動植物の境界線（宮部ライン）にもなっています。南千島エトロフ島以南は北海道東部と同じ植生ですが、北千島ウルップ島以北は亜寒帯に属しており、自然環境は大きく異なります。

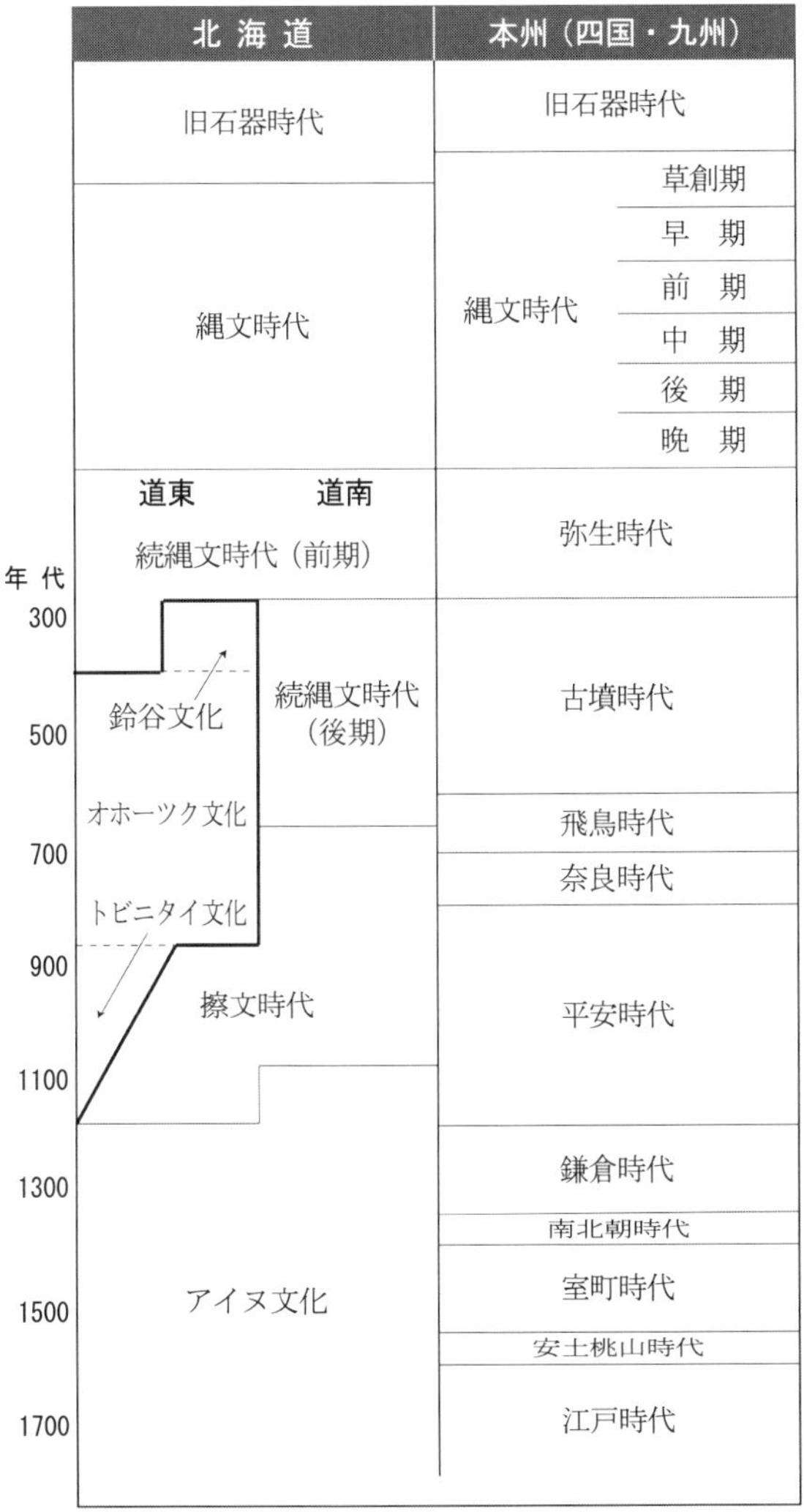
北海道
本州（四国・九州）
旧石器時代
旧石器時代
縄文時代
草創期
早　期
前　期
中　期
後　期
晩　期
縄文時代
道東
道南
続縄文時代（前期）
弥生時代
年代
300
500
700
900
1100
1300
1500
1700
鈴谷文化
オホーツク文化
トビニタイ文化
続縄文時代（後期）
古墳時代
飛鳥時代
奈良時代
擦文時代
平安時代
鎌倉時代
南北朝時代
アイヌ文化
室町時代
安土桃山時代
江戸時代

北海道の考古学年表

千島海流（親潮）が南下するため、島々は寒冷な気候下にあり、夏には濃霧に覆われ、冬には荒海になります。さらに潮流が激しく暗礁が多いため、航行はたいへんな困難を伴います。

千島列島は現在、ロシア連邦共和国のサハリン州に属し、そのうちクナシリ島・シコタン島・ハボマイ群島はユジノクリリスク地区、エトロフ島からシムシル島はクリリスク地区、これより北についてはセヴィロクリリスク地区に属しています。

ここに人類の足跡が印されたのは、一万五千年以上前の旧石器時代にさかのぼります。この時期の遺跡は、南千島のクナシリ島とエトロフ島のほか、北千島シュムシュ島でみつかっています。

次の縄文時代になると、南千島のクナシリ島とエトロフ島で遺跡がみつかっています。これまでのところ、北千島では縄文時代の遺跡は確認されていません。北限はいまのところ宮部ライン以南のエトロフ島と考えられています。ちなみにアイヌは、縄文時代の日本列島に暮らしていた縄文人の形質的な特徴をうけついでおり、縄文人の直接的な子孫と考えられている人びとです。

この縄文時代のあと、本州では弥生時代、次いで古墳時代へ移行します。しかし北海道は稲作文化が伝わらず、縄文文化の伝統を受け継いだ続縄文《ぞくじょうもん》時代に移行します。本州では大陸から移住した北方モンゴロイド集団と縄文人が混淆《こんこう》して弥生文化を形成し、現代の本州系日本人に連なる形質的特徴をもつ集団が成立しました。一方、北海道の人びとは縄文人の形質が保たれていました。

この弥生・古墳時代に並行する続縄文時代の遺跡は、南千島で多くみつかっています。北千島では、ウルップ島や隣接するチリポイ島に大規模な遺跡がみつかっているほか、ウルップ島から一〇〇キロ北のシムシル島や、カムチャツカに面するシュムシュ島でも遺物が確認されています。

ただし、これらは続縄文時代のうち弥生時代に並行する前期の遺跡です。北千島ではいまのところ、古墳時代に並行する後期の遺跡はみつかっていません。[56] この続縄文時代は七世紀中葉まで続き、あとで説明する擦文時代に移行します。

オホーツク文化人の千島進出

北海道は、縄文人の子孫であるアイヌによって占められてきたと考えられがちですが、続縄文時代中ころの三、四世紀から擦文時代終わりころの一三世紀にかけて、サハリンからオホーツク文化人と呼ばれる人びとが北海道に南下していました。オホーツク文化人は道北と道東を占め、アイヌの祖先集団である続縄文人や擦文人はかれらを避けて道央から道南に住んでいました。

オホーツク文化人は漁撈や海獣猟を生業としており、おもにオホーツク海沿岸部を占めていました。オホーツク文化人と呼ばれるゆえんです。かれらは大陸のアムール川流域の人びとと交易をおこなっており、大陸産の金属製品などを手に入れていました。

つまり当時の北海道は、大陸側に目を向けたオホーツク文化人と、本州側に目を向けたアイヌの祖先集団によって二分されていたのです。ちなみにこのオホーツク文化人は、形質的にはアイヌと異なる北方モンゴロイド集団であり、現在サハリン北部に住む先住民ニヴフの祖先と考えられています。

オホーツク文化人は、道東オホーツク海沿岸から千島へ進出し、七世紀ころまで千島列島の全域を占めていました。その遺跡は、南千島のクナシリ島・エトロフ島、北千島ではシムシル島・パラムシル島・シュムシュ島でみつかっています。戦前の北千島では、このオホーツク文化人の遺跡の発掘調査がいくつかおこなわれています。

ただし八世紀以降、オホーツク文化人の遺跡は南千島でしかみつかっていませんから、かれらは北千島から撤退したと考えられています。[57]

擦文人とオホーツク文化人の混住

擦文時代は、続縄文時代に続くアイヌの祖先集団の文化（時代）です。本州の農耕文化の強い影響をうけ、従来の狩猟・漁撈に加えてアワ・ヒエ・ソバ・キビなどの雑穀栽培も活発におこなうようになりました。七世紀から一三世紀に展開した文化（時代）です。

擦文人は先に述べたとおり、オホーツク文化人を避けて道央と道南に暮らしていました。しかし一〇世紀になると本州との交易が活発化し、擦文人は矢羽としての需要が高まったオオワシの尾羽を求め、その産地であるオホーツク人が占拠していた道東に進出しました。

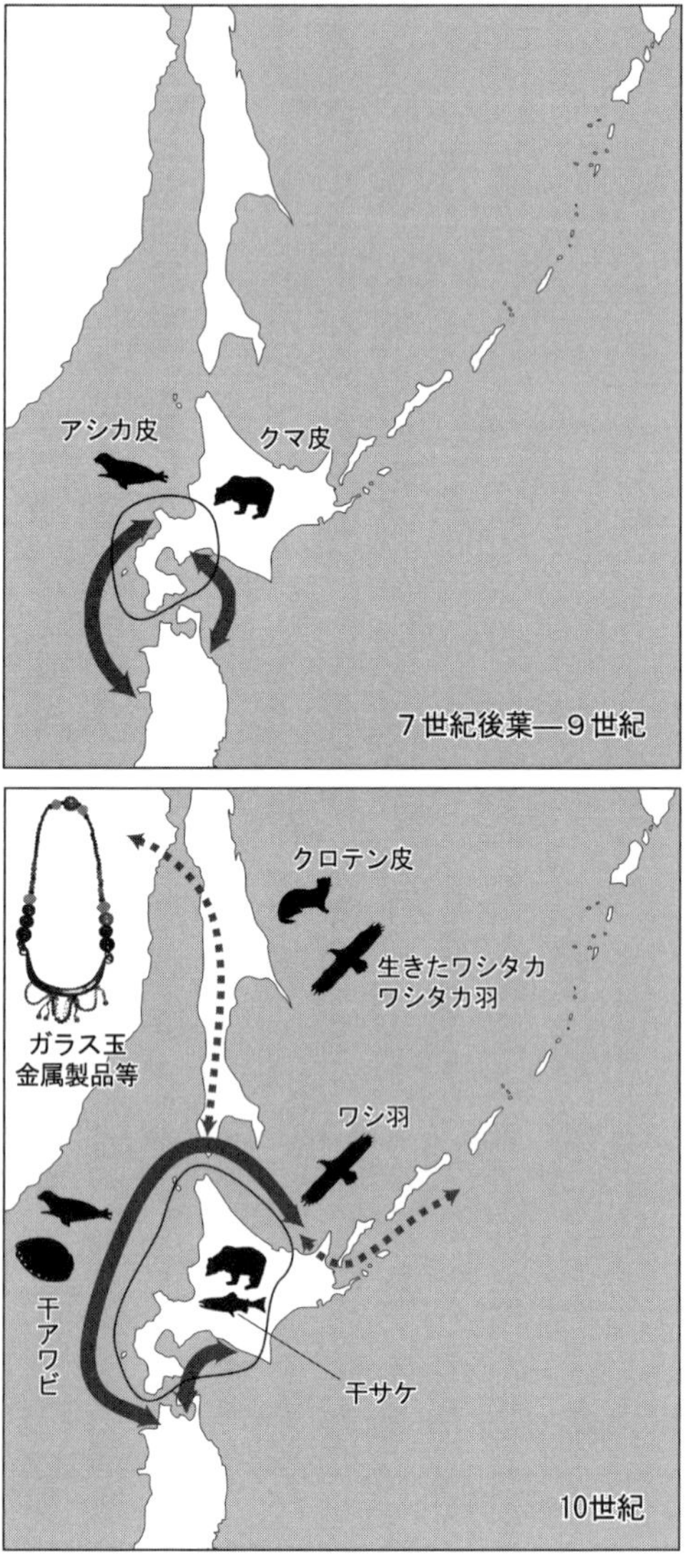

10世紀以降、環オホーツク世界に進出したアイヌと交易品

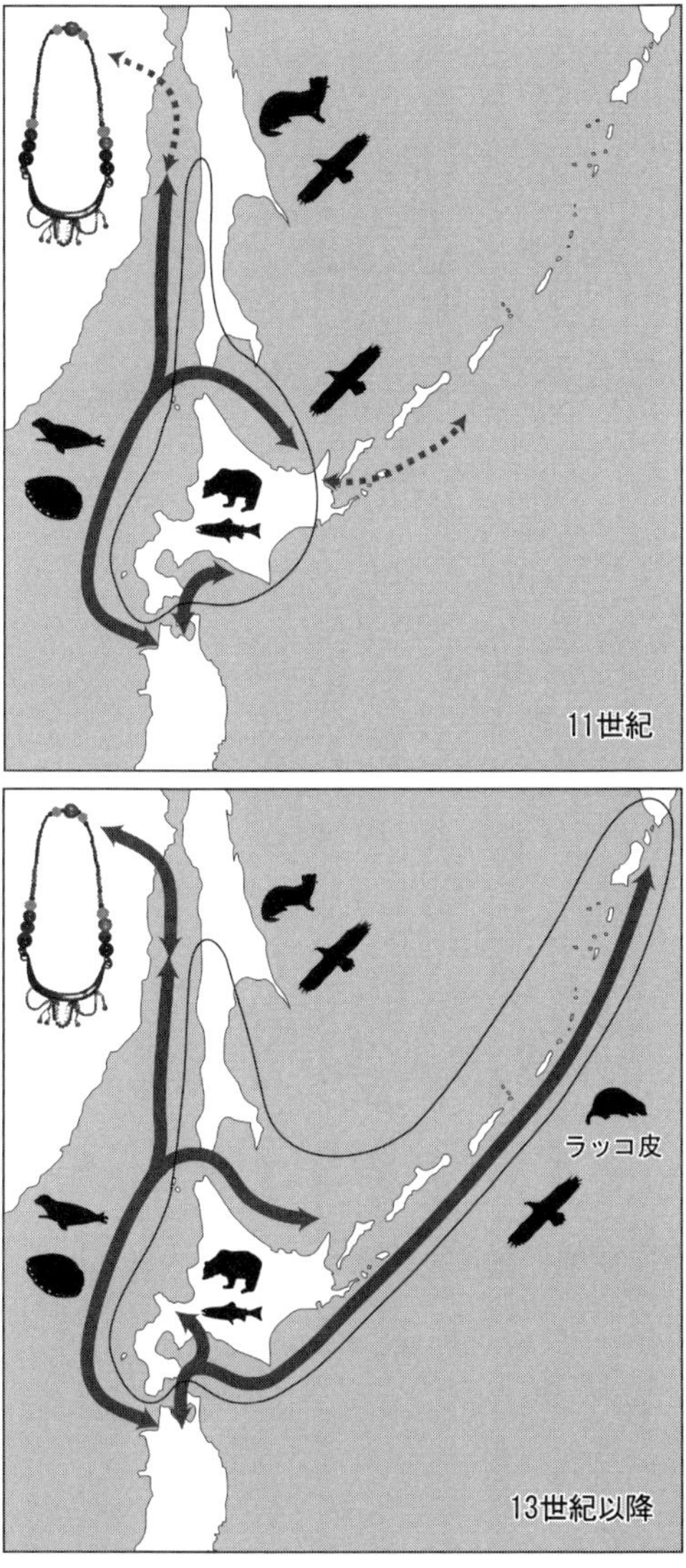

この擦文人の道東進出によって、オホーツク人はサハリンに撤退したとみられますが、一部は根室海峡周辺や、クナシリ島・エトロフ島など南千島にとどまりました。[58]かれらの

文化は擦文人の影響を受けて変容しましたので、これをトビニタイ文化と呼んでいます。

擦文時代後半の一一世紀後半になると、擦文人はオホーツク人の残党がとどまっていた南千島にも進出していきます。かれらの土器はエトロフ島のオーリャI遺跡・同Ⅳ遺跡・ターンコヴォエ遺跡・レーイドヴォI遺跡・キトーヴォエI遺跡、クナシリ島ではアリョーヒノ遺跡、シコタン島ではカモメ湾遺跡などでみつかっています。[59] 南千島では一一世紀以降、アイヌの祖先集団が住み続けてきたことになります。

この南千島でみつかる擦文人の土器には、オホーツク文化人の土器の影響が色濃くうかがわれます。進出した擦文人は、南千島のオホーツク人の残党と混住し、たがいに影響を及ぼしあっていたようです。

闇に包まれたアイヌの北千島進出　北千島ではいまのところ擦文人の土器はみつかっていません。南千島のオホーツク人の残党に阻まれ、擦文人の北千島進出は進展しなかったのかもしれません。擦文時代の北千島はおそらく無人であり、まれにカムチャツカの先住民が来島するような状況だったのではないか、と想像されます。

　この擦文時代よりあとの時代をアイヌ文化期と呼んでいますが、この時期の北千島については考古学的な状況が明らかでなく、アイヌによる開発・植民がどのように進展していったのか、わかっていません。アイヌの歴史研究では、北海道の中世資料の少ない点がつねにネックになってきましたが、最近、中世の北海道本島の様相は少しずつ明らかになってきています。しかし千島については、あいかわらずお手上げというのが正直なところです。

　ただし、近世の北千島アイヌの土鍋習俗は、道東で一四〜一五世紀までおこなわれていた土鍋製作の伝統を受け継ぐものとみられますので、土鍋習俗をもつアイヌが本島あるいは南千島から北千島へ進出したのは一四〜一五世紀までの出来事であった、と考えることはできるのです。

二　「中世的千島」と「近世的千島」

交易民としての千島アイヌ　この「暗黒」の中世を経て、近世になると千島にかんする記録が少しずつあらわれてきます。近世の千島については、菊池勇夫『エトロフ島』[60]と川上淳『近世後期の奥蝦夷地史と日露関係』[61]に詳しく述べられています。ここでは交易の視点から近世千島の状況をみていくことにしたいとおもいます。

千島アイヌの人口については、一八世紀半ばのロシア側史料によれば五〇〇人以上、同じ一八世紀の日本側史料ではクナシリ・エトロフ両島で約一五〇〇人、千島全体で二〇〇〇人程度とされています。また北千島アイヌの一九世紀代の人口は数百人程度と推定されています。[62]

一六九七年にカムチャツカを調査したコサック隊隊長ウラジミール・アトラーソフによれば、当時カムチャツカ南部はアイヌが占めるところとなっており、そこは「クリル（アイヌ）の地」でした。[63] アイヌによるカムチャツカ南端の占拠は、この報告があった一七世紀より前にさかのぼるのでしょう。先にアイヌの北千島進出は一四〜一五世紀までの出来事ではなかったかと指摘しましたが、それとほぼ同時にカムチャツカ南部まで到達していた可能性がありそうです。

ロシア人がみた北千島アイヌは、シュムシュ島・パラムシル島・ラショワ島をおもな拠点としながら、ラッコ・オオワシ猟とその交易のため島々を移動していました。コサック隊隊長イワン・コズィレフスキーが一七一一年と一三年に聞き取ったところによれば、千島アイヌの交易活動は次のようなかたちでおこなわれていました。[64]

［シュムシュ島］南方のアイヌが時々この島に交易にやってくる。

［パラムシル島］エトロフ島のアイヌが日本の商品を持参して交易にきていた。

［オンネコタン島］遠くの島々およびカムチャツカへ交易に出かける。カムチャツカのイテリメン（カムチャダール）と交易し、かれらと結婚もしている。

［シャスコタン島］エトロフ島のアイヌが交易に来ている。北千島と南千島のアイヌが交易のため集まる場所になっていた。

［ウルップ島］この島からクナシリ島へ交易に行く。またシュムシュ島とパラムシル島へ交易に行く。

［エトロフ島］カムチャツカへ交易に行く。

［クナシリ島］住民はしばしば交易のため松前へ行く。

千島アイヌは、たがいにそれぞれの島々を行き来しながら積極的な交易活動をおこなっていたのです。アイヌの千島進出自体、おそらくこのような交易活動が目的であったと考えられます。

変容する沈黙交易

千島とかかわる和人の交易拠点は、一七〇一年に道東の霧多布、その後、根室半島のノサップ、さらに一七四五年にはクナシリ島におかれました。日本側の千島列島に関する情報は飛躍的に増大していきます。これとほぼ同時に北からロシアが進出し、一七一一年にはカムチャツカからシュムシュ島に来航、抵抗するアイヌを徹底的に排除しながら、翌年にはパラムシル島を征服、ただちにハルムコタン島へ進出しました。

ロシア政府はこれら地域のアイヌに毛皮税を課し、毎年徴税吏を派遣してラッコ皮を徴収していました。さらに一七二一年にはシャスコタン島、一七三四年にはウシシル島に探検隊を派遣し、一七六八年には南千島のエトロフ島まで来航、そこでエトロフ島アイヌと出稼ぎにきていたクナシリ島アイヌに毛皮の貢納を課しています。[65] 千島アイヌの交易活動、さらにかれらの社会は、ロシア・日本との軋轢《あつれき》のもとで一八世紀以降、大きく変容していくことになったのです。

このような一八世紀以降生じていった社会的環境の変化は、かれらの沈黙交易の習俗も変えていくことになったのではないか、とおもわれます。

北千島ウルップ島のロシア人　註12文献。

前章でみたように、一七一二年にエトロフ島に漂着した大隅国船の船員たちは、地元のアイヌによって船の金属製品や着用している衣服をむりやり剝ぎ取られ、さらにアイヌの集落に連れて行かれました。[66] 一六六二年に同じエトロフ島に漂着した勢州船の船員たちは、アイヌの沈黙交易と、接触を嫌って船員たちを断固として集落に近づけないかれらの様子を伝えていたのですが、それから五〇年後には、その習俗は大きく変容していたのです。

千島アイヌの記録が徐々にあらわれてくるのは一八世紀

以降ですが、反対に沈黙交易やその存在を示唆する記録はみえなくなってしまいます。千島アイヌの沈黙交易について記す史料は、新井白石『蝦夷志』（一七二〇年）を除いて一八世紀以降ありません。この『蝦夷志』にしても、松前藩の情報や内外の諸書を参考に作成したものですから、現地の見聞をリアルタイムに記したものではなく、一七世紀代の千島にかんする史料を引用したことも考えられます。

中世的千島と近世的千島

沈黙交易を視点とし、その習俗が存続していたとみられる一七世紀代までを「中世的千島」、社会的環境の変化によってその習俗が変容した可能性がある一八世紀以降を「近世的千島」と仮に呼んでみることにしたいとおもいます。

もちろん「中世的千島」における沈黙交易のもとでも、交易活動は活発におこなわれていたと考えられます。

たとえば、『後鑑《のちかがみ》』一四二三年の記事には、安藤陸奥守《あんどうむつのかみ》が足利義量《あしかがよしかず》の五代将軍就任に贈った品として、コンブなどと並んでラッコ（海虎）皮三〇枚がみえます。これは日本側史料にはじめて登場するラッコ皮記事です。同じ一五世紀の『大乗院寺社雑事記《だいじょういんじしゃぞうじき》』一四八三年正月二四日条には、日本から中国（明）への輸出品としてラッコ皮があげられています。さらに一五世紀後半成立の辞書である文明本『節用集《せつようしゅう》』には「獺虎らっこ」とあり、当時ラッコ皮が本州中央でも広く認知されていたことがわかります。[67]

ラッコは、これまでも指摘したとおり北千島の産物です。北千島ウルップ島は近世にはラッコ島と呼ばれていました。ラッコはほかにも北千島のチリポイ南島および北島・ムロトン島・シャスコタン島・オンネコタン島周辺に多くみられました。[68]

つまり『後鑑』などの日本側記事は、一五世紀に北千島からラッコ皮の移出がはじまったことを示しています。さらにラッコ皮が中国への対外交易品になり、社会的にも広く認知されていた事実は、一五世紀の北千島に、日本側の需要に応えてラッコ皮を継続的に移出する体制が存在したことを示唆しています。それは当然、アイヌの北千島進出と、主要な島嶼への定住を前提とするでしょう。

先に北千島へのアイヌの進出を一四～一五世紀ころまでの出来事としましたが、これらの記事を踏まえると、進出の時期を一五世紀に絞って考えることができそうです。

「中世的千島」におけるアイヌは、このような交易活動に従事していたにもかかわらず、他者との交流においてきわめて閉鎖的な性格をもつ人びとでした。そして交易と非交流というこの矛盾こそ、「中世的千島」の本質であったと考えられるのです。

一三世紀から一七世紀にかけての約五〇〇年間、北千島では考古学的な痕跡が希薄になるため、この時期の北千島アイヌは少人数で遊動性が強い遊動生活をおくっていた、という説もあります。[69] 考古学的調査が十分ではなく、この見解の妥当性を検討できる状況ではありませんが、かれらの内向性は、このような少人数での移動生活とかかわって生じてきたのかもしれません。あるいは沈黙交易をおこなっていたとされるアリュートなどとの交流を通じて生じたのでしょうか。

いずれにせよ北千島アイヌと本島アイヌは、その分離が一五世紀ころという比較的新しい出来事であったにもかかわらず、たがいに異なる集団としての自覚を強くもっていたと考えられるのです。

Ⅴ　小人とはだれか

一　北千島アイヌの交易と交流

イエズス会宣教師が伝えた千島　前章では、一八世紀より前の千島アイヌの社会が、沈黙交易によって特徴付けられるのではないか、と述べました。

実は、一七世紀の千島における交易の状況を述べたと考えられる史料として、一六二〇年前後のイエズス会宣教師の報告があります。はたしてこれら宣教師の報告のなかに沈黙交易の習俗の存在を読みとることはできるでしょうか。

ジロラモ・デ・アンジェリスの第一報告（一六一八年）

毎年東部の方にあるミナシの国（根室地方）から松前へ百艘の船が、乾燥したサケとエスパーニャのアレンカにあたるニシンという魚を積んできます。多量のテンの皮をもってきますが、彼らはそれをラッコの皮といい、わが（ヨーロッパの）テンに似ています。すこぶる高価に売ります。エゾではなくて、ラッコと称する一島におるので、エゾ人はそこに買いに行きます。そのラッコ島は他の六つの島々の近くにあります。……その島々の住人はあまり色白くはなく、ヒゲがなく、未開であります。その二人が昨年松前へ渡来しましたが、彼らの言語を解するエゾ人がいませんでした。[70]

IMAGEM
DA
VIRTUDE
EM O NOVICIADO DA COMPANHIA
DE
JESUS
NO REAL COLLEGIO DE
JESUS de Coimbra
EM PORTUGAL
Na qual se contem as vidas, & sanctas mortes
de muitos homens de grande Virtude, que na-
quella Sancta caza se criaram.
OFFERECIDA
A SENHORA
DA
VICTORIA,
PADROEIRA DO MESMO NOVICIADO.
PELLO P. ANTONIO FRANCO
da Companhia de JESUS
PRIMEIRO TOMO
EVORA,

カルワーリュの報告を収める『コインブラ・コレジオ出身耶蘇会士徳行録』第１巻
註８文献。

ディオゴ・カルワーリュの報告（一六二〇年）

この（北東方の）エゾ人は、礼として松前殿へ、前にも触れた如くラッコという島から出るのでラッコの皮と申している柔らかい毛皮を持参します。また生きたタカやツル、日本人が矢に付けて飾るワシの羽をもたらします。

北方で彼らのエゾと接続する国には、石造の家や、立派な服装の色の白い人びとが住んでいるけれども、それと交わりがないので、われわれを納得させるほどの報知（情報）を供せられないと彼らが申しております。[71]

ジロラモ・デ・アンジェリスの第二報告（一六二一年）

また松前殿の乙名が小生に語ったところでは、ラッコの皮はエゾには産せず、エゾ人たちがその国土付近のある島々へ行って買い求めるが、その島々は三つの島であり、その島々の土人はヒゲを生やさず、エゾとはすっかり異なる言葉をもっているとのことであります。……あの島々へラッコの皮を買いに行くエゾ人は東の部に住んでいる人たちであります。[72]

注目されるラッコ交易

まずアンジェリスの第一報告で注意されるのは、ラッコ皮は道東のアイヌが「ラッコ島」と呼ばれる島へ「買いに行」くこと、その島の近くには六つの島があること、住人はアイヌと異なる特徴をもっていること（あまり色白ではない・ヒゲがない・未開である・アイヌと言葉が通じない）です。

次にカルワーリュの報告で注意されるのは、「ラッコ島」で産するラッコ皮を道東アイヌが松前に持参すること、この北方にある国（ラッコ島）の住人はアイヌと異なる特徴をもっていること（石造りの家に住む・立派な身なりをしている・肌の色が白い）、道東アイヌはこの人びとと「交わり」がなく、そのためカルワーリュらを納得させるだけの「情報」がなかったことです。

最後にアンジェリスの第二報告で注意されるのは、ラッコの毛皮は道東アイヌが三つの島に行って「買い求める」こと、その島の住人はアイヌと異なる特徴をもっていること（ヒゲがない・アイヌと異なる言葉を話す）です。

さて、ここにいう道東の「ラッコ島」については、実際にラッコ島と呼ばれていた北千島ウルップ島のことと考えてよいでしょう。その島の近くにある三つ、あるいは六つの島というのは、千島が多くの島々からなっている事実を指していたのかもしれませんし、あ

北千島ウルップ島のラッコ皮とオオワシ
手に持っているのがオオワシ。山本編 1930。

るいはウルップ島以外のラッコ産地であったチリポイ島・ムロトン島・シャスコタン島・オンネコタン島などを具体的に指していたのかもしれません。いずれにしても、これらの記事は、一七世紀初頭の北千島におけるラッコ交易の様子を具体的に伝えるものとみてよさそうです。

記事によれば、ラッコの毛皮は「買い求める」もの、「買いに行」くものとありますから、道東アイヌがみずから獲りに行くのではなく、北千島の人びとと交易して入手していたことが理解できます。この事実はまた、北千島をテリトリーとし、ラッコ猟に従事する独自の集団が存在していたことを意味しているのです。

ラッコ交易を担ったのはだれか　奇妙なのは、道東アイヌが北千島に出かけてラッコ皮の交易を活発におこなっていたにもかかわらず、かれらと北千島の人びとには「交わり」がなく、北千島の人びとにかんする詳しい「情報」をもっていなかった、ということです。ここにも、千島アイヌの直接的な接触を嫌う気質と、沈黙交易の存在が読みとれるのではないでしょうか。

記事によれば道東アイヌは、この北千島の人びとについて、「肌の色が白い・白くない」「言語が通じない」など自分たちとは異なる人びとという認識をもっていました。そこで『勢州船北海漂着記』の小人記事と同様、これらの記事にみえる千島の人びとについてもアイヌとは異なる民族的集団であり、カムチャツカの先住民イテリメン（カムチャダール）やアリューシャン列島の先住民アリュートを指しているのではないか、とする説がありま す。[73]

たしかに、一六九七年にカムチャツカを調査したアトラーソフや、それ以降千島を調査したロシア人は、カムチャツカ先住民イテリメンと北千島北端のアイヌの活発な交流を指摘しています。また、露米会社（一七九九〜一八六七年）がその設立とともにアリュートを北千島へ強制移住させていましたし、ロシア人の来島以前にもアリュートがラショワ島にやってきた事実を千島アイヌが伝えています。[74]

したがって、さらに早い時期にカムチャツカやアリューシャン列島の先住民が北千島にやってきていた可能性は、考えられないことではありません。

しかし、北千島の住民の主体がこれらイテリメンやアリュートだったのかといえば、そうとは考えられません。アトラーソフが報告しているとおり、一六九七年にはカムチャツカの南端までがアイヌによって占められ、「クリル（アイヌ）の地」となっていたのです。

イエズス会宣教師が伝えた、北千島のラッコ交易を担っていた人びとを、もしイテリメンやアリュートだったとするなら、宣教師の報告がおこなわれた一六二〇年代以降、アトラーソフの報告があった一六九七年までのあいだに、アイヌは北千島へ一気に進出し、これらイテリメンやアリュートと全面的に交代したと考えなければなりません。しかし、そのような事態は考えにくいのです。
北千島におけるラッコ交易の主体は、基本的に北千島に進出したアイヌだったと考えてよいとおもいます。つまり、道東アイヌが北千島におもむいてラッコ交易をおこなっていた相手とは、自分たちと同じ言語・文化をもつ北千島のアイヌだったのです。

交易すれども交流せず　しかし、この北千島アイヌは、おそらく交易に際して姿をあらわさず、道東アイヌと声をかわすこともなかったのでしょう。ですから道東アイヌは、北千島アイヌと交易しながら「交流」はしておらず、かれらに関する情報をもっていなかったのです。さらに道東アイヌは、この得体のしれない奇妙な相手を「肌の色がちがう」「言葉が通じない」など、自分たちとは異なる「異人」として伝えることもあったとおもわれます。その過程で、北千島アイヌを「小人」として語ることもあったのではないでしょうか。
以上のことから、小人伝説の小人とは、一五世紀に北千島へ進出し、ラッコ皮の交易に従事していた北千島アイヌがモデルだったと考えられそうです。だからこそ、当のモデルである北千島アイヌ自身には小人伝説が伝わっていなかったのでしょう。

実は、北千島アイヌの内向的・閉鎖的な性格をもっとも強く示しているのが、この北千島における小人伝説やオキクルミ伝説の欠落なのです。

これらの伝説が北千島アイヌに伝わっていなかったのは、一五世紀と推定される北千島進出以降、本島側で成立した伝説だからにちがいありません。しかし、一一世紀前後にサハリン南部へ進出したサハリンのアイヌも、小人伝説やオキクルミ伝説を共有していました。サハリンと本島は宗谷海峡で隔てられていますが、たがいに情報が行き交い、同じ口承文化を共有していたのです。小人伝説の成立が、北千島アイヌと本島アイヌの分離後だったとしても、なぜその後の交流のなかで北千島アイヌに小人伝説が伝わることがなかったのでしょうか。

すでにみてきたように、北千島アイヌと本島アイヌの交易は、けっして不活発だったわけではありません。しかしその交易は、サハリンアイヌの場合とはちがって、情報や文化の共有をもたらすようなものではなかったのでしょう。北千島アイヌのなかに、情報の共有をかたくなに閉ざそうとする一種のシステムが存在したと考えなければ、右の問いに答えることはできそうもありません。

そして、物流を確保しながらコミュニケーションを遮断するこのシステムこそ、沈黙交易にほかならなかったのです。

二　小人伝説の成立とその後

錯綜する事実と伝説　日本側が強く求めるラッコ皮やオオワシ羽を手に入れるため、一五世紀に北千島へ進出したアイヌは、その奇妙な習俗によって異人視され、一五～一六世紀には道東アイヌのあいだで小人として語られることになったのではないか――。これが小人伝説の原像を追跡してきた本書の結論です。

この結論をもとに成立期の小人伝説を復元し、追跡の時計の針を今度は逆回しにしながら、伝説がどのように変容しながら各地のアイヌ社会に広まっていったのか、あるいはそのなかでどれほど原像を伝えていたのかを述べ、本書のまとめにしたいとおもいます。
小人伝説は、北千島アイヌの特異な習俗をもとに成立したと述べました。その習俗とは、沈黙交易（コミュニケーションの欠落）・竪穴住居・土鍋・ラッコ（オオワシ）交易の四つです。さらに地理的特徴として、島嶼に住んで舟で往来していたことがあげられます。

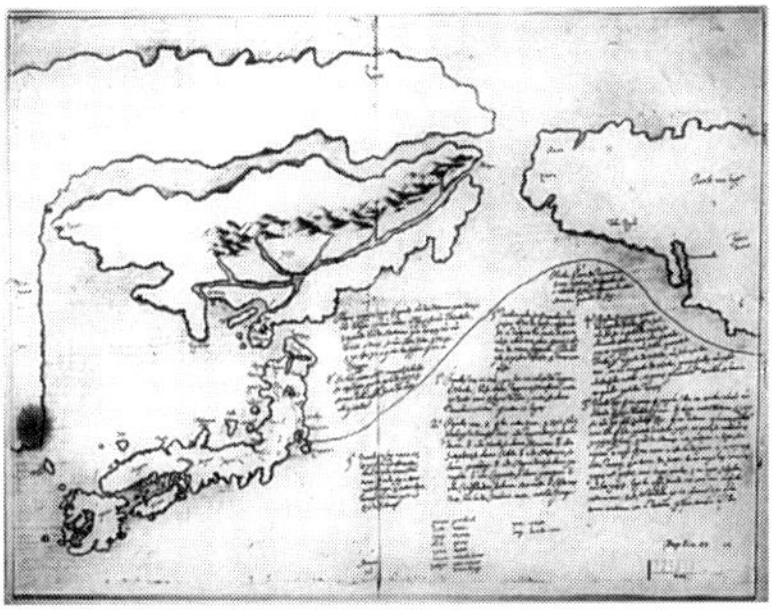

アンジェリスが描いた北海道　註８文献。

前節でみた北千島アイヌにかんするもっとも初期の史料と考えられるイエズス会宣教師の報告のなかに、これらの特徴はどのように反映されているでしょうか。

・北千島アイヌと本島アイヌは交易するがコミュニケーションがない（「アンジェリス第一報告」「カルワーリュの報告」「アンジェリス第二報告」）。
・北千島アイヌはラッコ皮を持参する（「アンジェリス第一報告」「カルワーリュの報告」「アンジェリス第二報告」）。
・北千島アイヌはオオワシの羽を持参する（「カルワーリュ

の報告」)。

・北千島アイヌは島に住む(「アンジェリス第一報告」「カルワーリュの報告」「アンジェリス第二報告」)。

ここには竪穴住居と土鍋の情報は欠落しているものの、宣教師の関心がとりわけ強い地理と交易にかんする情報(島に住む・ラッコ皮とオオワシ羽を産する・交易するがコミュニケーションを欠く)は正確に反映されているといえます。あとで述べるように、このような地理的・経済的関心から語られる北千島アイヌの「情報」は、小人として語られる北千島アイヌの「伝説」ときわだった対比をみせています。

興味深いのは、報告のいずれもが、北千島アイヌは本島アイヌと肉体的特徴が異なることを強調している点です。それは「色が白い(あまり白くない)」「ヒゲがない」といったものでした。先に述べたようにこれをもって異民族とする説もあるのですが、実は近代に採録された小人伝説のなかにも小人は肌が白いとするものがあります。[75]

小人伝説はその成立期から、小人であること以外にも肌が白いといった形質的な差異を強調するモティーフが存在していたのではないでしょうか。

宣教師が聞きとった情報には、北千島アイヌにかんする「事実」と、当時流布していた北千島アイヌをモデルとする「伝説」が混在していた可能性がありそうです。

成立期の伝説を考える　次に、比較的初期の一七～一八世紀に採録された「伝説」のなかに、北千島アイヌの特徴がどのように反映されているのかみてみましょう。

・小人と本島アイヌはコミュニケーションを欠く（『勢州船北海漂着記』『蝦夷喧辞弁』）。
・小人は（土鍋製作用の）土を取って帰る（『勢州船北海漂着記』『蝦夷談筆記』『蝦夷喧辞弁』）。
・小人の島にはオオワシが多い（『勢州船北海漂着記』）。
・小人は島に住む、船でやってくる（『勢州船北海漂着記』『蝦夷談筆記』『蝦夷喧辞弁』）。

以上のとおり、初期の伝説には北千島アイヌの特徴がほぼ網羅されています。

小人と本島アイヌのコミュニケーションが欠落しているとの内容から、そこに沈黙交易の存在をうかがうことはできますが、具体的に沈黙交易について述べられているわけではありません。ただし、小人が姿を隠しながらアイヌにモノを贈るという沈黙交易のモティーフは、その後、近代に至るまで伝説の基本的なモティーフとなっていました。小人とアイヌの沈黙交易は、伝説の成立期から存在していたモティーフだったのではないかとおもわれます。

　土鍋の習俗についても、伝説成立期から存在していたモティーフと考えてよいでしょう。『蝦夷談筆記』は、小人が土とともに草（あるいは葦）を取っていくと伝えていましたが、これはひょっとすると、北千島アイヌが土鍋原料の粘土に草（ノッカンキ）を混和していた事実を反映していたのかもしれません。実は、近代初期に道東網走市で採録された伝説のなかに興味深い伝承があります。小人が残した土器は、縄文土器でもオホーツク土器でも擦文土器でもなく、北千島アイヌが使用していたのと同じ「内耳土鍋」であるというのです。[76]小人伝説の土鍋は本来、北千島アイヌの「内耳土鍋」を具体的に指していた可能性がありそうです。

　小人が竪穴住居に住むとの内容は、初期史料にはみられません。しかし、それ以降に採録された伝説のなかでは、竪穴住居は基本的なモティーフとなっています。これも成立期から伝えられてきた伝承だったのかもしれません。

いずれにせよ、そもそも名寄アイヌは小人が千島からやってきたと伝えていましたし、『東海参譚』は小人をクルムセ（千島の人）であると伝えていました。小人を北千島アイヌとみなす認識、あるいはそのように語るモティーフが、伝説成立当初から存在していたのはまちがいありません。

小人伝説は本来、北千島アイヌがどのような土地に住み、どのような習俗を有しているのかといった、実態がよくわからないかれらに関する「情報」としての性格を強くもっていたのではないでしょうか。

排除されていくモティーフ　ところが、初期史料にもその後の伝説のなかにも、なぜか北千島の特産であったオオワシ羽やラッコ皮がほとんど出てきません。伝説のなかで小人がアイヌにプレゼントしていたのは、ラッコやオオワシではなく基本的に食べもの（鳥獣魚）

でした。

しかし、『勢州船北海漂着記』は小人島にオオワシが多いと伝え、また『辺要分界図考』は小人がラッコ島（ウルップ島）に渡ったと伝えています。北千島の特産であるラッコとオオワシに関する伝承は、もともとは小人伝説に含まれていたと考えられます。イエズス会宣教師の報告は、北千島特産のオオワシとラッコにかんする情報を正しく伝えていました。


では、なぜ小人伝説からこの二つに関する伝承が欠落していったのでしょうか。

小人伝説は、一五世紀に北千島へ進出したアイヌの習俗を伝えるものとして一五〜一六世紀に成立しました。伝説化の過程では、「御曹子島渡り」など日本の中世説話の影響もあったとおもわれます。しかし一九世紀以降、小人という伝承からイメージされた「フキの葉の下の人」のモティーフや、和人との交流のなかでその由来を自己了解すべきものとなったイレズミ起源のモティーフが付け加えられていきました。さらに、アイヌの国土創造神であるオキクルミ（義経）伝説との融合も生じていきました。小人伝説は、北千島アイヌにかんする「情報」を盛りこんで成立したものの、次第に現実の情報から離れ、物語性と神秘性を拡大していく方向に変容していったのです。

道東など地域によっては、小人と北千島の関係を直接的に示す、より原型に近い伝説が伝えられていきました。しかし、小人を実在の集団と結びつけるこのようなモティーフを切り捨てていかなければ、伝説が物語性と神秘性を拡大し、地域を越えて人口に膾炙《かいしゃ》していくことはありえませんでした。

ラッコとオオワシは、北千島という土地、あるいはその流通に関与する人びとと分かちがたく結びついたものとして、アイヌ社会では正しく認識されていました。それはイエズス会宣教師が入手した情報から明らかです。つまりそれらは、アイヌ社会の現実を生々しく反映するリアルなものであり、経済的な事象にほかなりませんでした。そのためラッコとオオワシは、小人伝説が伝説としての物語性や神秘性を強く帯びていくなかで、排除されていかざるをえなかったのではないでしょうか。

これに対して、竪穴住居や土鍋の習俗が一貫して小人伝説のなかで語られてきたのは、それがアイヌ社会ではすでに絶えた奇妙な習俗だったからであり、伝説の神秘性を高める恰好のアイテムだったからにちがいありません。

「成長」する小人伝説

来館者を迎えるコロポックル（函館市北方民族資料館） 著者撮影。

『日本渡航記』（一六一三年）でセーリスが小人伝説を聞きとった和人は、本州から北海道に二度渡ったことのある商人と考えられる人物でした。この和人が渡った先は、道南の和人地と考えられます。道東で成立した小人伝説は、近世はじめには道南にまで広まっていたようです。宣教師たちの報告にあったように、北千島アイヌと交易していた道東アイヌは、ラッコ皮やオオワシ羽を携えて道南の松前へやってきていました。かれらを通じて小人伝説は道南まで拡大していったとみられます。

セーリスの報告にみえる小人伝説では、小人が北海道の北の奥にいるということ以外、知ることはできません。しかしその後、同じ和人地で聞きとられた『蝦夷談筆記』（一七一〇年）には、小人が島から土を取りにやってきたとありますから、道東で聞き取られた『勢州船北海漂着記』（一六六二年）の小人伝説と、ほぼ同内容のものが伝わっていたと考えてよいでしょう。とはいえ『蝦夷談筆記』の小人伝説は、道南の地名の由来を説明する在地伝説として変容したものであり、土の採取は意味不明の神秘的なエピソードとして語られていました。

稚内のアイヌが小人の故郷を対岸のサハリンであると伝えていたように、小人伝説はそれぞれの土地で在地の伝説として語られていきました。さらに、道東豊頃のアイヌが小人を和人であると伝えていたように、それぞれの推理や解釈も取り入れられていきました。

そして一九世紀ころには、さまざまな神秘的モティーフを取りこみ、他の伝説とも融合して、もはや北千島アイヌの現実の習俗を反映した伝説であったとはおもわれないほど、小人伝説はアイヌ世界の物語として「成長」を遂げていたのです。

おわりに

歴史資料としての伝説

私が小人伝説に興味をもったのは、たまたま調べものをしているなかで『勢州船北海漂着記』を目にしたからでした。

それまでアイヌの小人伝説といえば、アイヌの目を避けてフキの葉の下に隠れている人びとというユーモラスなイメージしかありませんでした。子供のころにみたディズニーの『白雪姫と七人のこびと』のイメージとも重なって、小人伝説はアイヌ社会のなかで子供向けに語られてきた昔話にすぎないのだろう、と高をくくっていました。

しかし漂着記に語られている小人伝説は、それとはまったく異なる内容で、小人が北海道本島から一〇〇里も離れた島の住民であること、その島がワシの産地であること、小人が土鍋を作るため粘土を取りにきていたこと、などを伝えていました。

その内容は詳細かつリアルであり、おとぎ話のイメージしかなかった私は強い衝撃を受けました。

東京に来た千島アイヌの青年（1899年）
後列左から、小金井良精、坪井正五郎。前列左から、イヒミー、アウレリヤン、鳥居龍蔵。註33文献。

北海道の歴史研究者であれば、この小人の記述からすぐに千島アイヌをイメージするだろうとおもいます。調べてみると、漂着記の記事に注目し千島アイヌとの関係を示唆した研究者は何人かいました。しかし小人伝説と千島アイヌの関係を正面から論じたものはひとつもありませんでした。なぜ、だれもこの問題に取り組んでこなかったのでしょうか。

子供だましの昔話を研究対象とすることに二の足を踏む雰囲気があったのかもしれません。歴史研究に伝説はなじまないという事情があったのかもしれません。実は私自身、コロポックル伝説の成り立ちについて述べた本書が、コロポックル伝説を題材にしたというだけで歴史研究者に色眼鏡でみられるのではないか、と考えないでもありません。

しかし、文献史料や考古資料がきわめてかぎられ実態がよくわからない中世アイヌ社会のなかでも、とくに千島の情報は皆無に等しい状況です。その姿は暗闇に閉ざされているといって過言ではないのです。さらに現在ロシアの実効支配地となっている千島は、自由な調査がむずかしいだけでなく、交通の問題もあって簡単に往来できる土地ではありません。

「小人伝説がこの中世千島の実像をかいまみる手がかりになるとすれば、どれほどすばらしいだろう。鳥居龍蔵は千島の調査によってコロポックル＝石器時代人論争に終止符を打ったが、その千島を舞台に新たなコロポックル論が生まれてくるのではないか――」。

私は急かされるように小人伝説の世界に踏みこんでいきました。

先学の慧眼　モースとともに日本石器時代人論争の基礎を築いたジョン・ミルンは、北海道や北千島の調査をふまえて、北千島アイヌこそがコロポックルであると次のように考えていました。

北千島シュムシュ島を調査するミルン（1878年）
右端の人物。北大附属図書館編 1992。

日本人は、現在もそうであるように、北海道に進出してアイヌと混血し、同時にアイヌを北方へ追いやった。一方、アイヌは「コロポクグル」を圧迫し、かれらを北に追いやった。この先住者たる「コロポクグル」の名残は、おそらく千島人によって示されるだろう（要旨）[77]。

考古学や人類学の研究が明らかにしてきたように、「石器時代人＝アイヌの先住者」説も、「先住者＝コロポックル」説も結果として誤りでした。したがってアイヌ以前の先住者を想定し、それをコロポックルとする議論の端緒を開いたミルンのこの論理も、誤りであったといわなければなりません。ミルンは千島アイヌの身長が小さいと報告しましたが、小金井良精が批判したように、かれらの身長は本島アイヌとかわるところはなかったのです[78]。これもまたミルンの牽強付会であったといわざるをえません。

しかし千島アイヌをコロポックルとしたミルンの結論は、結果として事実をいいあてていたのではないか、とおもわれるのです。先学の慧眼に敬意を表したいとおもいます。

新たなコロポックル論争へ　小人伝説を読みなおすことで、千島アイヌの成り立ちと、交易しながらコミュニケーションを閉ざすかれらの奇妙な習俗が浮かび上がってきました。とはいえ、なぜそのような習俗が生じることになったのかという疑問は、私の力不足のため、そのまま残されることになりました。

しかし一〇世紀以降、オホーツク海域世界に次々進出し、交易活動をくりひろげていたアイヌの姿が明らかになりつつある現在、闇に閉ざされていた中世千島アイヌの一端についてイメージを提示できたこと、さらに歴史研究になじまないと考えられがちな伝説の可能性について提示できたことは、一定の意義をもつのではないかと考えています。

拡大するアイヌ社会の周縁・辺境地帯は、私たちが想像するほど単純なものではなく、同族でありながら異人と表象される人びとが跋扈《ばっこ》し、伝説が発生する空間となっていたようです。この奇妙な磁場を介して、アイヌ社会はさらに北方の異民族集団の富にアクセスしていました。周縁・辺境地帯がもつ性格や役割を考えるうえでも、小人伝説のもつ意味は小さくない、いや、むしろ新たな研究の地平を切り開いていくのではないか、と私にはおもわれるのです。

註

1　稲田浩二・小澤俊夫編　一九八九『日本昔話通観一―北海道（アイヌ民族）』同朋舎出版
2　清野謙次　一九八五『日本人種論変遷史』第一書房
3　河野常吉　一九七四『河野常吉著作集』一、北海道出版企画センター
4　村川堅固・尾崎義訳　一九七〇『セーリス日本渡航記・ヴィルマン日本滞在記』新異国叢書六、雄松堂書店：二四八頁
5　山下恒夫編　一九九二『石井研堂コレクション江戸漂流記総集』一、日本評論社：一三七頁
6　高倉新一郎編　一九六九『日本庶民生活史料集成』四、三一書房：三九二頁
7　内田武志・宮本常一編　一九七一『菅江真澄全集』二、未来社：一八頁
8　児玉作左衛門　一九七一『明治前日本人類学・先史学史―アイヌ民族史の研究（黎明期）』丸善
9　開拓使編　一九七四『蝦夷風俗彙纂後編（雑録）』北海道出版企画センター：二一～二二頁
10　菊池勇夫　一九九九『エトロフ島』吉川弘文館
11　註6文献：三七頁
12　佐々木利和・谷澤尚一解説　一九八二『蝦夷島奇観』雄峰社：二〇六頁
13　註6文献：五二四頁
14　因幡勝雄　二〇〇七『アイヌ伝承ばなし集成―日本海・オホーツク海沿岸』北海道出版企画センター

15　早川　昇　一九七〇『アイヌの民俗』民俗芸能双書五四、岩崎芸術社：四八頁
16　註1文献
17　註15文献
18　更科源蔵　一九八一『更科源蔵著作集』一、みやま書房
19　河野常吉　一九八四「アイヌ聞取書」『アイヌ史資料集（第二期）』七、北海道出版企画センター
20　児玉作左衛門・伊藤昌一　一九三九「アイヌの文身の研究」『北方文化研究報告』二
21　ザヨンツ、マウゴジャータ　二〇〇九『千島アイヌの軌跡』草風館
22　設楽博己　二〇〇八「イレズミの起源」『縄文時代の考古学』一〇、同成社
23　註19文献
24　金田一京助　一九二五『アイヌの研究』内外書房
25　寺沢一・和田敏明・黒田秀俊編　一九七九『北方未公開古文書集成』一、叢文社
26　バチェラー、ジョン　一九二五『アイヌ人とその説話』富貴堂書房、など
27　金田一京助　一九九三『金田一京助全集』一二、三省堂
28　註10文献
29　註25文献
30　川上　淳　二〇一〇「漂流民が見た千島のアイヌ」『北東アジアの歴史と文化』北海道大学出版会

31 バチェラー、ジョン　一八八四『蝦夷今昔物語、初篇』(国立国会図書館近代デジタルライブラリー)
32 宇田川洋　一九八〇『アイヌ考古学』教育社
33 鳥居龍蔵　一九〇三『千島アイヌ』吉川弘文館
34 北方文化研究会　二〇〇二「北千島地名調査報告Ⅰ」『根室市博物館開設準備室紀要』一六・同　二〇〇三「北千島地名調査報告Ⅱ」『同前』一七・同　二〇〇四「南千島等地名調査報告」『同前』一八
35 註33文献
36 註33文献
37 長田佳宏　二〇〇八「北方域における内耳土器編年について」『北方島文化研究』六、北海道出版企画センター
38 ベルグ、レフ　一九八二『カムチャツカ発見とベーリング探検』原書房
39 北海道編　一九三六『新撰北海道史』五・史料一、北海道庁
40 菊池俊彦　一九九〇「カムチャツカ半島出土の寛永通宝」『北からの日本史（二）』三省堂
41 谷川健一編　一九九七『日本民俗文化資料集成』二三、三一書房
42 註6文献
43 川上　淳　二〇〇四「千島通史（四）一八世紀前半の千島」『根室市博物館開設準備室紀要』一八
44 北構保男　一九八三『一六四三年アイヌ社会探訪記―フリース船隊航海記録』雄山閣出版

45　註19文献
46　坪井正五郎　一九七一「コロボックル風俗考（一～一〇）」『日本考古学選集二―坪井正五郎集（上）』築地書館、および註3・32文献
47　註25文献
48　グリァスン、ハミルトン　一九九七『沈黙交易』ハーベスト社
49　註5文献
50　註6文献
51　註44文献
52　註41文献：五一〇頁
53　註33文献：二〇二頁
54　註33文献
55　註38文献
56　野村崇・杉浦重信　一九九五「北限の縄文文化―千島列島における様相」『季刊考古学』五〇、雄山閣出版
57　川上　淳　二〇〇一「千島通史（一）考古学から見た先史時代」『根室市博物館開設準備室紀要』一五

58　瀬川拓郎　二〇〇七『アイヌの歴史―海と宝のノマド』講談社・同　二〇一一『アイヌの世界』講談社
59　瀬川拓郎　二〇一二「サハリン・千島出土の擦文土器とトビニタイ土器」『サハリンと千島の擦文文化の土器』函館工業高等専門学校
60　註10文献
61　川上　淳　二〇一一『近世後期の奥蝦夷地史と日露関係』北海道出版企画センター
62　手塚　薫　二〇一一『アイヌの民族考古学』同成社
63　註38文献
64　註38文献
65　高倉新一郎　一九六六「千島・樺太の開発と土人」『アイヌ研究』北海道大学生活協同組合
66　註6文献
67　川上　淳　二〇〇三「千島通史（三）一七世紀の千島」『根室市博物館開設準備室紀要』一七
68　佐々木亨　一九九五「千島アイヌの精神世界にみる海への適応」『北方島嶼における人と文化』北海道立北方民族博物館
69　註62文献
70　チースリク、フーベルト　一九六二『北方探検記』吉川弘文館：五六頁

71　註70文献：六九頁
72　註70文献：九九頁
73　註8・67文献
74　川上　淳　一九九六「先史時代〜一九世紀の千島居住者と千島アイヌについて」『根室市博物館開設準備室紀要』一〇
75　「夜中に白い手が戸の隙間から差しこまれ、川魚を置いたので、その手を押さえると、コロポックルの女である」（十勝で採録：註1文献）とあります。ただし、窓から手を差し出した小人をむりやり家に引き入れると、その小人が美しい女であったというモティーフは多くみられますので、この「白い手」は「美しい女」から連想されたものだったのかもしれません。あるいは反対に、小人が白い肌をしているというモティーフがあり、そこから小人を美しい女と連想することがあったのかもしれません。
76　註14文献
77　ミルン、ジョン　一九九三「蝦夷北西部およびその横断旅行についての覚書」『ミルンの日本人種論――アイヌとコロポクグル』雄山閣出版
78　註33文献

図版出典

大塚和義編　二〇〇三『北太平洋の先住民交易と工芸』思文閣出版

(財)アイヌ文化振興・研究推進機構編　二〇一一『千島・樺太・北海道アイヌのくらし』

西秋良宏・宇田川洋編　二〇〇二『北の異界—古代オホーツクと氷民文化』東京大学総合研究博物館

北海道大学附属図書館　一九九二『明治大正期の北海道』北海道大学図書刊行会

北海道立旭川美術館編　一九九二『蝦夷の風俗画』

間宮林蔵　一九八八『東韃地方紀行他』平凡社東洋文庫

山本三生編　一九三〇『日本地理大系—北海道・樺太編』改造社

Landor, Savage. 1893. *Alone with the Hairy Ainu.* London.

Mcgrady, M.J. et al. 2000. Migration and Wintering of Juvenile and Immature Stellers Sea Eagles, *First Symposium on Stellers and White-tailed Sea Eagles in East asia.* Wild Bird Society of Japan. Tokyo.

Torii, Ryuzo. 1919. *Etudes Archeologiques et Ethnologiques. Les Ainos des Iles Kouriles.* Tokyo University. Tokyo.

瀬川 拓郎（せがわ たくろう）
1958年1月1日　札幌市に生まれる
1980年　岡山大学法文学部史学科卒業
専攻：考古学
学位：博士（文学・総合研究大学院大学）
現職：旭川市博物館　館長
著書に『アイヌの世界』（講談社選書メチエ, 2011年),『アイヌの歴史』(講談社選書メチエ, 2007年),『アイヌ・エコシステムの考古学』（北海道出版企画センター, 2005年),『アイヌの沈黙交易　奇習をめぐる北東アジアと日本』（新典社新書, 2013年),『アイヌ学入門』（講談社現代新書, 2015年),『アイヌと縄文　もうひとつの日本の歴史』（ちくま新書, 2016年）ほか。共著書に「アイヌの一万年」『東アジアの民族的世界』（有志舎, 2011年),「アイヌ史における新たなパースペクティブ」『アジア遊学139　アイヌ史を問いなおす』（勉誠出版, 2011年),「古代北海道の民族的世界と阿倍比羅夫遠征」『海峡と古代蝦夷』（高志書院, 2011年),「蝦夷の表象としてのワシ羽」『中世東アジアの周縁世界』（同成社, 2009年),「墓と階層─北海道」『弥生時代の考古学６』（同成社, 2009年),「縄文の祭りを継ぐ」『季刊東北学19』（2009年）などがある。

新典社新書 58
コロポックルとはだれか
中世の千島列島とアイヌ伝説

2012年５月２日　初版発行
2017年９月26日　二刷発行

著者 ──── 瀬川拓郎
発行者 ─── 岡元学実
発行所 ─── 株式会社 新典社
〒101-0051　東京都千代田区神田神保町1-44-11
編集部：03-3233-8052　営業部：03-3233-8051
ＦＡＸ：03-3233-8053　振　替：00170-0-26932
http://www.shintensha.co.jp/　E-Mail:info@shintensha.co.jp

印刷所 ─── 惠友印刷 株式会社
製本所 ─── 牧製本印刷 株式会社

ISBN 978-4-7879-6158-7　C0220